KB036775

별
·
마지막 수업

# 별 • 마지막 수업

초판 1쇄 인쇄일 | 2021년 10월 10일     초판 1쇄 발행일 | 2021년 10월 15일

**지은이** | 알퐁스 도데
**옮긴이** | 강미경
**그린이** | 신혜원
**펴낸이** | 강창용
**디자인** | 가혜순
**책임영업** | 최대현

**펴낸곳** | 느낌이있는책
**출판등록** | 1998년 5월 16일 제10-1588
**주 소** | 경기도 고양시 일산동구 중앙로 1233(현대타운빌) 302호
**전 화** | (代)031-932-7474
**팩 스** | 031-932-5962
**이메일** | feelbooks@naver.com

ISBN  979-11-6195-160-7  03860

# 별·마지막 수업

알퐁스 도데 지음 | 강미경 옮김 | 신혜원 그림

옮긴이의 글
--------------------

　'농촌처럼 소박하고 평화로우며 서정적인', 사전에 정의된 '목가적'이라는 단어의 설명이다. 알퐁스 도데의 작품을 설명할 때 빠지지 않고 등장하는 단어 중 하나이기도 하다. 우리에게 가장 친숙한 작품인 〈별〉뿐 아니라 〈살 집을 마련하다〉, 〈노인〉, 〈산문의 환상시〉 등 많은 작품이 그 배경을 남프랑스의 프로방스로 두고 있다. 해안 알프스, 에스테렐 산맥 등 굵직한 산맥과 접하고 있어 일찍부터 프로방스의 사람들은 산속에서 양을 키우고 포도를 재배했다. 알퐁스 도데는 프로방스의 한갓지고 평화로운 풍경을 목가적이고 서정적으로 묘사해, 쓰인 당시부터 지금까지 많은 독자들의 사랑을 받고 있다.

　〈시인 미스트랄〉에 나오는 프레드리크 미스트랄은 프로방스의 언어와 문화를 보존하기 위해 평생을 바친 시인이자 언어학자였다. 그런 미스트랄을 도데가 자신의 한 단편의 주인공으로 삼은 것은 미스트랄을 향한 도데의 깊은 존경과 애정을 여실히 보여 준다. 미스트랄뿐 아니라 도데는 〈마담 보바리〉의 작가 플로베르, 〈목로주점〉의 작가 에밀

졸라와도 친분이 있었는데 그 동료 작가들이 인간의 삶을 냉정한 시각으로 그려낸 것과는 달리 도데의 작품 전반에는 인간을 향한 따뜻하고 깊은 애정과 연민이 녹아있다.

그의 서정성이 사랑을 받는 이유가 뭘까. 〈황금 두뇌를 가진 사나이〉에서 그는 인간의 끝없는 욕심을, 〈아를의 여인〉에서는 죽음보다 큰 사랑의 고통을 그려내며 자신이 인간의 비극에 누구보다도 깊이 공감하는 작가임을 입증한다. 또한 우리는 〈마지막 수업〉을 통해 그가 개인 삶의 비극을 넘어 민족 역사의 고통에도 고개 돌리지 않은 작가임을 확인할 수 있다.

알퐁스 도데의 서정성이 빛나는 이유는 그가 음울하고 절망적인 인간사에 대한 이해와 공감, 연민을 마음 깊이 품고 있기 때문이 아닐까.


옮긴이 강미경

# 차 례

# 별

류브롱 산 위에서 양을 지키고 있었을 무렵, 나는 목장 안에서 혼자 라브리라는 개 한 마리와 양들과 함께 몇 주일씩 사람 그림자라고는 볼 수 없는 상태로 살고 있었다. 그저 이따금씩 몽 드 류르의 수도사가 약초를 찾으러 목장 근처를 지나가거나, 뻬에몽 근처 산판의 숯 굽는 사람의 검게 그을린 얼굴을 보는 일은 더러 있었다.

그러나 그들은 모두 세상을 등지고 혼자 사는 사람들이라 말수도 워낙 적고, 또 세상 이야기에 관한 흥미도 잃은 사람들이라서 아랫마을이나 거리의 소문이라고는 아무것도 모르고 있었다.

그랬기 때문에 두 주일에 한 번씩 보름치 식량을 싣고

오는 당나귀 방울 소리가 들려올 때나 농장의 머슴인 미아로의 밝은 표정의 얼굴을 대할 때, 또 늙은 노라드 아주머니의 보라색 모자가 언덕 밑에서 올라오는 걸 보게 될 때는 정말 기쁘지 않을 수 없었다. 나는 누가 세례를 받았고 누가 누구와 결혼을 했다는 등의 여러 가지 마을 소식을 그들에게서 들었다.

하지만 특히 듣고 싶은 얘기는 이 고장 인근 십 리 사방에서 제일 예쁜 우리 주인집 아가씨 스테파네뜨의 소식이었다. 겉으로는 물론 관심 없는 체했지만, 아가씨가 자주 파티에 초대되는지, 누구네 만찬에 참석하는지, 또 아가씨의 비위를 맞추려는 새로운 멋쟁이들이 나타났는지 등의 질문을 하곤 했다. 가난한 양치기인 주제에 그런 것이 왜 궁금하냐고 물을 수도 있겠지만, 나는 이제 스무 살의 건장한 청년이 되었고, 스테파네뜨는 이제껏 내가 본 여인 중에서 가장 아름다운 사람이라 대답해 주리라.

그러던 어느 일요일, 눈이 빠지도록 기다린 보름치 식량이 오후 늦게 도착한 날이 있었다. 아침나절에는 미사 때문에 늦는 거려니 생각했고, 낮에는 심한 폭풍우가 몰아닥쳐 올 수 없는 모양이라고 생각했다.

세 시쯤 되자 다행히 날이 개었고, 물이 불어난 개울

물의 힘찬 소리와 함께 이슬과 햇살이 언덕 위를 밝게 비추고 있을 무렵 반갑게도 당나귀 방울 소리가 들려왔다. 부활절에 울려 퍼지는 종소리처럼 빠르고 힘찬 방울 소리였다.

그런데 당나귀를 끌고 온 사람은 미아로도, 노라드 아주머니도 아니었다. 놀랍게도 아가씨였다. 그토록 나를 설레게 하는 바로 그 스테파네뜨 아가씨였다.

나귀 등에 양쪽으로 얹은, 버들가지로 만든 광주리 사이에 똑바로 앉은, 방금 소나기가 지나간 산속 공기의 맑은 기운을 받아 장밋빛으로 볼을 물들인 그녀였다. 꼬마는 병이 났고, 노라드 아주머니도 휴가를 얻어 아이들한테 가 있어서 자기가 직접 온 거라며 나귀 등에서 내리면서 그녀가 말했다. 중간에 길을 잃는 바람에 이렇게 늦었다는 이야기와 함께.

하지만 꽃무늬 리본과 화려한 레이스로 장식한 스커트 차림을 한 그녀의 자태는 숲에서 길을 잃고 헤맸다기보다는 어디선가 춤이라도 추다가 늦어진 것처럼 보였다. 아아, 아름다운 스테파네뜨! 나는 넋을 놓고 그녀를 바라보고 있었다. 정말이지 이제껏 그녀를 이렇게 가까이에서 본 적이 없었다.

양들을 농장으로 데려다 놓는 가을과 겨울 기간 동안 저녁때 식사를 하러 가면 종종 아가씨가 거실을 가로질러 가는 걸 볼 수 있는 때가 있었다. 활발하게 심부름꾼들에게는 거의 말도 걸지 않고, 그 아름다운 자태로 약간은 으스대는 것처럼 보였던 그 아가씨가 지금 바로 내 앞에서, 나와 마주보고 있는 것이다. 그것도 단 둘이서! 그러니 나로서는 제정신을 차리고 있을 수가 없는 것이다.

광주리에서 먹을 것을 꺼내자마자 아가씨는 신기한 듯이 주위를 둘러보기 시작했다. 화려한 드레스 자락을 한 손으로 살짝 들어 올린 채 어느새 울타리 안으로 들어와서는, 내가 자는 곳이며 양털이 깔려 있는 짚으로 된 침상, 벽에 걸린 비옷, 지팡이 따위를 구경했다. 이런 것들은 그녀의 호기심을 자극하기에 너무도 충분했다.

"어머나, 이런 곳에서 살고 있어요? 늘 혼자서? 지루해서 어떻게 지내죠?"

마음 같아서는 '당신을……'이라고 대답해 주고 싶었다. 그렇게 말해도 거짓말은 아닐 것이다. 하지만 나는 너무나 가슴이 뛰어 정작 말 한마디도 못 했다. 그런 내 마음을 그녀도 분명히 느낀 것인지 짓궂은 아가씨는 짐짓 다음 말로 한층 더 나를 난처하게 만들었다.

"그래, 당신의 좋은 친구는 가끔씩 당신을 찾아오나요? 아마 그는 황금으로 만든 양일 거야. 아니면 산봉우리로만 뛰어다니는 선녀 에스텔이든지……."

그러나 나에게는 그렇게 말하는 아가씨야말로 머리를 뒤로 쓸어내며 화사하게 웃어주는, 불쑥 나타났다가 이내 사라지는 천사 에스텔로 여겨졌다.

"이만 가겠어요, 안녕."

"조심해서 살펴가세요, 아가씨."

이렇게 그녀는 빈 광주리와 함께 돌아갔다.

언덕 아래로 나 있는 오솔길로 모습이 보이지 않게 되자 당나귀 발굽에 채여 길 위를 뒹구는 작은 조약돌들 하나하나가 마치 내 가슴 위로 떨어지는 것 같이 생각되었다. 그 소리는 끊이지 않고 내 마음을 울렸고, 나는 언제까지고 듣고 있었다. 그리고 날이 저물 때까지 얕은 졸음과 함께 그 꿈에서 깨어나지 않도록 꼼짝 않고 황홀해했다.

해질 무렵, 골짜기 밑 부분부터 어둠의 그림자가 드리우고 양들이 '메에, 메에' 울면서 울타리 안으로 들어올 때, 언덕길 아래쪽에서 누군가 나를 부르는 소리가 들려왔다. 스테파네뜨 아가씨가 아까의 웃는 표정과는 딴판으

13

로 추위와 두려움에 떨면서 나타났다. 소나기로 불어 있는 산 밑 소그르 개울을 무리하게 건너려다가 그만 빠졌던 모양이었다.

어두워지는 그 시간에 산 밑 마을로 돌아간다는 것은 생각조차 할 수 없는 무서운 일이다. 아가씨 혼자 샛길을 찾아갈 수도 없는 노릇이고, 나는 나대로 양들을 놓아두고 떠날 수도 없었다. 그렇다고 산에서 밤을 새우자니 무엇보다 주인집 가족들이 큰 걱정을 할 것이 분명했다. 아가씨는 몹시 고민했다. 나는 되도록 그녀를 안심시켰다.

"칠월은 밤이 짧아요. 그러니 조금만 참으시면 될 거예요."

나는 우선 개울물에 젖은 아가씨의 옷을 말리기 위해 서둘러 불을 피웠다. 그러고는 양 젖과 치즈를 가져다 아가씨 옆에 놓았다. 그러나 가엾게도 그녀는 불을 쪼이려고도, 먹으려고도 하지 않았다. 두 눈 가득 고인 아가씨의 눈물을 보니 나까지 따라 울게 될 것 같았다.

그러는 사이 완전히 밤이 되어 버렸다. 이제 산마루에는 희뿌연 햇살의 기운이 서쪽에 안개 같은 빛으로 어렴풋하게나마 남아 있을 뿐이었다. 나는 아가씨에게 초막 안으로 들어가 편히 쉬라고 얘기했다. 새 짚 위에 깨끗한

양가죽을 펴 주고는 문 앞에 나가 앉았다. 스테파네뜨에 대한 사랑의 감정이야 피를 끓일 정도로 뜨거운 것이었지만, 그렇다고 아가씨를 어떻게 해볼 나쁜 마음은 조금도 일지 않았다. 다만 아가씨가 초막 한구석에서 그 어느 양보다도 소중한, 어느 양보다도 순결한 양으로서 나의 보살핌 안에 안심하고 자고 있다고 생각하니 가슴 뿌듯한 긍지가 일 뿐이었다. 정말이지 하늘이 이렇게도 깊고, 별이 이렇게도 빛나 보인 일은 일찍이 없었다.

갑자기 초막 문이 열리고 아름다운 스테파네뜨가 밖으로 나왔다. 잠을 이룰 수가 없었던 모양이었다. 양들이 몸을 움직이며 짚을 바스락대는 소리를 내는가 하면, 꿈을 꾸면서 울음소리를 냈기 때문일 것이다. 게다가 아가씨는 따뜻한 불기운이 생각난 것일 게다. 그래서 나는 아가씨의 어깨에 양털을 덮어 주고 불을 더 지펴 주었다. 그리고 우리 두 사람은 말없이 나란히 앉았다.

만일 당신이 밖에서 밤을 새운 일이 있다면, 모두가 잠을 자고 있을 그 시간에 어떤 신비로운 세계가 고요함 속에서 가만히 눈을 뜨고 깨어난다는 사실을 알고 있을 것이다. 그때 못가의 샘물은 더 한층 명랑한 노래를 부르기 시작하고, 연못이나 늪은 작은 불꽃을 일으키며, 온갖

15

산의 정령들이 깨어 일어나 공중의 나뭇잎을 흔들어 소리 나게 하고, 나뭇가지와 가지를 흔드는 귀에 들릴 듯 말 듯 한 작은 울림들을 들을 수 있을 것이다.

낮 동안이 살아 있는 것들의 세상이라면 밤 시간은 모든 무생물의 세계이다. 거기에 익숙지 못한 사람은 그래서 무서운 생각을 갖게 된다. 그래서 그런지 아가씨도 몹시 겁을 먹어 조금만 소리가 나도 내 쪽으로 몸을 기대왔다. 어떤 때는 아래쪽에 빛나고 있는 호수로부터 구슬프고 긴 비명 소리 같은 것이 길게 물결치며 우리를 향해 올라왔다. 그리고 때마침 길게 꼬리를 늘어뜨리며 아름다운 유성이 두 사람의 머리 위로 흘렀다. 마치 방금 들은 긴 탄식 소리가 그 빛을 이끌고 가는 것만 같았다.

"저건 뭐죠?"

스테파네뜨가 낮은 목소리로 물었다.

"천국으로 들어가는 영혼의 넋이라네요."

대답과 함께 나는 십자 성호를 그었다. 그녀도 나를 따라 성호를 그었다. 그리고 잠시 동안 하늘을 올려다보았다.

"양치기들은 마법사라고 하던데, 그게 사실인가요?"

"아뇨. 전혀 아니에요. 그렇지만 별이 이렇게 가까우니

16

산 아래 마을보다야 이곳에 사는 우리들이 별 세계에서 일어나는 일을 좀 더 알고 있는 거죠."

아가씨는 여전히 하늘을 보고 있었다. 한 손으로 머리를 받치고 양털 가죽에 쌓여 있는 스테파네뜨의 모습은 하늘에서 내려온 귀여운 목동처럼 보였다.

"어머나 많기도 해라! 정말 예뻐. 이렇게 많은 별은 오늘이 처음이야. 저 별들도 다 이름이 있겠죠?"

"그럼요, 아가씨. 우리 머리 바로 위에 있는 저게 성 야곱의 길이라는 은하수예요. 저건 프랑스에서 스페인으로 곧장 뻗어 있죠. 용감한 찰스 황제가 사라센과 격전을 벌였을 때 갈리스의 성 야곱이 저걸 만들어 황제에게 길을 알려 주었대요. 더 먼 곳에 있는 저 별자리는 '넋의 수레'라는 큰곰자리예요. 네 개의 수레바퀴가 빛나고 있지요? 그 앞에 있는 별은 세 마리의 맹수자리이고, 세 번째 저쪽의 작은 별은 마부자리입니다. 그 둘레에 비가 오듯 흩어져 있는 별이 보이나요? 저건 하느님이 곁에 두고 싶지 않다고 말씀하시는 영혼들이랍니다.

그 조금 밑의 것은 '갈퀴'라고도 하고 '세 임금'이라고도 하죠. 우리 양치기에게 시계 역할을 해 주는 별이기도 해요. 저걸 보기만 해도 지금 한밤중이라는 걸 알 수 있답니다. 조금 밑쪽, 역시 남쪽의 저 별, '시리우스자리(쟝 드 밀랑)'가 빛나고 있어요. 별들의 횃불이라고도 하는 저 별자리에는 이런 전설이 있답니다. 어느 날 밤 쟝 드 밀랑이 세 임금과 북극성과 함께 동료별의 결혼식에 초대됐다는군요. 북극성이 가장 먼저 떠나 높이 올라갔답니다. 보세요. 저 높은 곳. 하늘 꼭대기요. 세 임금은 아주 낮은 곳을 가로질러 북극성을 쫓아갔다는군요. 그런데 이 쟝 드 밀랑 게으름뱅이는 그만 늦잠을 자다가 늦어 버렸다는 거예요. 그래서 화를 내며 앞의 두 사람을 막으려고 들고 있던 지팡이를 집어던졌어요. 그래서 세 임금은 쟝 드 밀랑의 지팡이라고도 하죠. 뭐니 뭐니 해도 제일 아름다운 것은 우리 '양치기의 별'이죠. 새벽녘에 우리가 양을 데리고 나올 때도 빛나지만, 저녁나절 양들을 우리에 넣을 때도 빛나거든요. 우리는 이 별을 '마그론느'라고도 말하고 있죠. 아름다운 마그론느는 '프로방스의 삐에르(토성)'의 뒤를 쫓아 칠 년마다 삐에르한테 시집을 간답니다."

"어머나! 그럼 별도 결혼을 하나요?"

"그럼요. 그렇고말고요."

이렇게 별들의 결혼식에 대해 아가씨에게 열심히 설명을 해 주고 있는데, 어깨에 무언가 부드러운 것이 가볍게 얹혀진 것을 느꼈다. 너무나 졸린 나머지 아가씨가 머리를 기대 온 것이었다. 리본이며 레이스며, 곱슬곱슬한 머리카락을 내게 기댄 것이었다.

아가씨는 이렇게 꼼짝도 않고 하늘의 별들이 솟아오른 아침 햇살에 밀려 없어질 때까지 그대로 있었다. 나는 두근거리는 가슴으로, 아름다운 생각만을 보내준 맑은 하늘의 보호를 받으며 내 어깨에 기대어 잠이 든 아가씨를 줄곧 지켜보고 있었다.

두 사람을 둘러싸고 별들은 양 떼처럼 여전히 조용한 걸음을 옮겨 갔다.

그리고 몇 번이고 나는 이 별 가운데 가장 예쁘고 가장 빛나는 별 하나가 길을 잃고 나의 어깨에 기대어 잠들어 있다고 생각했다.

# 마지막 수업

어느 알자스 지방 소년의 이야기

그날 아침 나는 학교에 지각을 한데다가 아멜 선생님이 프랑스어 문법에 대해 질문하겠노라고 말씀하셨는데, 나는 전혀 준비를 하지 않아 여간 겁이 나는 게 아니었다. 차라리 수업을 빼먹고 들판에 놀러나 갈까 하는 생각조차 드는 것이었다.

하지만 나는 학교로 향했다. 날씨는 너무나 화창하고 맑았다. 숲가에서는 티티새 무리가 지절대고 제재소 뒤편에 있는 리페르 들판에서는 프로이센 병정들이 훈련하는 소리가 들려오고 있었다. 학교 수업보다는 이 모든 것이 더 내 마음을 끌었다. 그러나 나는 꾹 참고 학교를 향해 서둘러 달려갔다.

면사무소 앞을 지나면서 나는 철책으로 두른 게시판 앞에 많은 사람들이 모여 있는 것을 보았다. 2년 전부터 패전이라든가 징발, 프로이센 군 사령부의 갖가지 명령 등 좋지 못한 소식은 모두 여기를 통해서 나왔다.

"또 무슨 일일까?"

나는 걸음을 멈추지 않은 채 지나가면서 생각했다. 내가 막 광장을 가로질러 가고 있을 때, 자기 도제(견습공)와 게시판을 들여다보고 있던 대장장이 와슈테르 아저씨가 소리쳤다.

"얘야, 그렇게 서두를 건 없다. 어차피 지각할 염려는 없을 테니까."

나는 아저씨가 나를 놀린다고 생각하고 숨을 몰아쉬며 아멜 선생님의 작은 운동장으로 뛰어 들어갔다.

그런데 정말 이상했다. 여느 때에는 수업이 시작될 무렵이면 책상 뚜껑을 닫는 소리와 귀를 막고 큰소리로 책을 읽어대는 소리, 조용히 하라며 책상을 두드리는 아멜 선생님의 쇠자 막대기 소리 등 굉장히 떠들썩한 소리가 한길까지 들려오는 것이었다. 그래서 나는 이 소란스러운 틈을 타서 살짝 내 자리로 갈 심산이었다.

하지만 그날은 일요일 아침처럼 조용했고 열린 창 너머로는 이미 제자리에 앉은 친구들과 그 무서운 쇠자 막대기를 겨드랑이에 끼고 왔다 갔다 하시는 아멜 선생님이 보였다. 나는 이 조용한 가운데 문을 열고 들어가는 수밖에 없었다. 그 순간 내가 얼마나 부끄럽고, 얼마나 가슴이 두근거렸겠는가?

그렇지만 참으로 의외였다. 아멜 선생님은 전혀 화도 안 내시고 나를 보시더니 아주 부드럽게 말씀하셨다.

"프란츠, 어서 네 자리로 가서 앉거라, 하마터면 우리는 너를 빼놓고 그냥 수업을 시작할 뻔했구나."

나는 의자를 돌아 바로 내 자리에 앉았다. 그제야 나는 다소 두려움이 가시면서 아멜 선생님이 장학관이 오는 날이나 시상식 때만 입으시는 초록색 예복에 수가 놓인 검정 비단의 둥근 모자를 쓰고 계시다는 것을 알았다.

게다가 교실 전체가 어쩐지 평소와는 다른 엄숙한 분위기에 쌓여 있었다. 무엇보다도 놀란 것은 평소에 비어 있던 교실 뒤쪽 책상에 마을 어른들이 조용히 앉아 있는 것이었다. 삼각모를 쓴 오제 영감님, 예전의 면장님, 그리고 우체부 아저씨와 또 다른 어른들이 앉아 있었다. 그들은

다 같이 슬픈 표정이었다. 특히 오제 영감님은 모서리가 닳아 헤진 낡은 프랑스어 책을 무릎 위에 펴놓고 그 위에 커다란 안경을 가로놓고 있었다.

내가 이러한 모습에 어리둥절해 있는 동안 아멜 선생님은 교단으로 올라가시더니 나에게 말할 때와 똑같이 부드럽고도 엄숙한 목소리로 말씀하셨다.

"여러분, 이 시간이 저의 마지막 수업입니다. 알자스와 로렌 지방의 학교에서는 이제 독일어만을 가르치라는 명령이 베를린에서 왔습니다. 새 선생님이 내일 오십니다. 오늘로써 우리의 프랑스어 수업은 마지막입니다. 아무쪼록 주의해서 잘 들어주시기 바랍니다."

(1871년에 보불 전쟁이 끝나고 프랑스는 알자스와 로렌 지방을 독일에 넘겨주었다.)

아멜 선생님의 이 몇 마디 말씀에 나는 정신이 아찔해졌다.

'면사무소 게시판에 나붙었던 게 바로 이것이었구나. 아, 나의 마지막 프랑스어 수업.'

나는 이제 겨우 글씨를 쓸 정도인데 이젠 영영 못 배운단 말인가! 이것으로 끝이란 말인가. 그 순간, 나는 지금까지 헛되이 보낸 시간들, 새 둥지나 찾아다니고 강으로 얼음이나 지치러 가느라고 수업을 빼먹은 시간들이 너무도 후회스러웠다. 조금 전만 해도 그렇게 지겹고 무겁기만 했던 내 책들, 문법책이나 이야기 성경책도 이제는 헤어지기 섭섭한 친구처럼 느껴지는 것이었다.

아멜 선생님도 마찬가지였다. 이제 선생님이 떠나시면 다시 만날 수도 없으리라 생각하니, 그동안 선생님께 벌 받고 쇠자 막대기로 맞던 생각들이 모두 새삼스러웠다.

가엾은 선생님!

선생님께서 예복을 차려 입으신 것도 이 마지막 수업 때문이었던 것이다. 그리고 나는 동네 어른들이 교실에 앉아 있는 이유도 알아차렸다. 그것은 자기들이 이 학교에 좀 더 자주 오지 못한 것을 뉘우치고 있다는 의미 같기도 했다. 또한 그것은 40년간이나 학교를 위해 애를 쓰신 우리 선생님에 대한 감사의 표시였고 또 사라져가는 조국 프랑스에 대한 마지막 의무를 다해 보려는 것이라고 여겨졌다.

내가 이런 생각에 잠겨 있을 때, 선생님이 나를 부르셨다. 내가 그렇게 어려워했던 프랑스어 문법 규칙을 외울 차례가 된 것이었다.

'아! 내가 문법 규칙을 큰소리로 똑똑하게 하나도 틀리

지 않고 줄줄 외울 수만 있다면 얼마나 좋을까?'

그러나 나는 첫마디부터 막혀 더듬거리기 시작했고 민망한 마음으로 고개도 들지 못한 채 의자 위에서 몸을 비비 꼬며 안절부절못했다. 그러자 아멜 선생님이 말씀하셨다.

"프란츠야, 너를 야단치지는 않겠다. 너는 충분히 반성하고 있을 테니까……. 다 그런 거란다. 사람들은 매일 이렇게 생각하지. '서두를 것 없어, 시간은 많으니까 내일 하지 뭐'라고. 그 결과가 네가 보는 대로 이렇게 되는 거란다. 아아! 오늘 해야 할 공부를 다음 날로 미룬 것이 우리 알자스의 가장 큰 불행이라고 할 수 있지. 이제 저들은 우리에게 '뭐라고? 너희는 프랑스 인이라고 우겨대면서 자기 나라 말도 읽고 쓸 줄 모른단 말이야?'라고 할지도 모르겠구나. 그렇지만 프란츠야, 너만 잘못한 것은 아니란다. 우리 모두가 스스로 반성을 해야 돼. 여러분의 부모는 여러분의 교육에 별로 관심을 두지 않으셨지, 몇 푼의 돈을 더 벌기 위해 너희들을 밭이나 공장에 보내기를 더 원하셨고, 나 자신만 하더라도 잘못한 일이 어디 한두 가지겠니? 수업 시간에 공부 대신 뜰에 물을 주라고 시켰고 은어를 낚으러 가고 싶을 때 너희들을 쉬게도 했으니…….

정말 미안하구나."

　그러고는 아멜 선생님은 프랑스 말에 대해 하나하나 말씀하시기 시작했다. 프랑스 말은 세계에서 가장 아름답고 가장 명확하고 가장 확실한 말이라고 강조하였다. 그러니 우리가 잘 간직하고 잊지 말아야 한다는 것과 남의 노예 신세가 되더라도 자기 말과 글을 잘 간직하고 있으면 그것은 감옥의 열쇠를 쥐고 있는 거나 마찬가지라고 말씀하셨다.

　그러고는 문법책을 들고 우리가 배울 부분을 읽어 주셨다. 나는 어렵게만 느껴졌던 프랑스어가 이처럼 알기 쉬운 데 깜짝 놀랐다. 아멜 선생님이 말씀하시는 모든 것이 너무 쉽게만 느껴졌다.

　하기는 내가 이처럼 열심히 들은 적도 없었고, 선생님 역시 이처럼 정성을 다해 설명해 주신 적도 없었으리라. 선생님은 마치 떠나시기 전에 자기가 아는 모든 지식을 우리에게 모두 주려는 것 같았다.

　문법 시간이 끝난 후에는 글씨 쓰기 시간이었다. 아멜 선생님은 이 날을 위해 새로운 글쓰기 책을 준비해 오셨는데 거기에는 예쁘고 동그스름한 글씨체로 '프랑스, 알자스, 프랑스, 알자스'라고 쓰여 있었다. 그것은 마치 우리 책상 위에 수없이 많은 작은 깃발들이 꽂혀 온 교실에 펄럭이는 것 같아 보였다.

모두들 얼마나 열심히 또 얼마나 조용했던지, 종이 위에 미끄러지는 연필 소리 외에는 아무 소리도 들리지 않았다. 갑자기 풍뎅이 몇 마리가 날아들었지만 아무도 거기에 마음을 쓰지 않았다. 선 하나 긋는 것조차도 어린 우리들은 용기와 신념을 가지고 열심히 하고 있었다.

학교 지붕 위에서는 비둘기들이 꾸르르 울고 있었다. 나는 그 소리를 들으면서 이렇게 생각했다.

'머지않아 저 비둘기들에게도 독일 말로 울라고 하지 않을까?'

때때로 교과서에서 눈을 들어 보면 아멜 선생님이 꼼짝도 하지 않고 교단에 서 있는 모습이 보였다. 선생님은 마치 이 작은 학교 전부를 자기 눈에 넣어 가려는 것처럼 주위의 물건들을 뚫어지게 바라보고 계셨다.

생각해 보면 선생님께서는 저기 똑같은 자리에서 교정을 마주하고 같은 교실에서 40년을 지내 오셨던 것이다. 그 오랜 세월을 증명하듯이 책상과 의자는 닳아서 반들반들해졌으며 마당의 호두나무가 훌쩍 자랐고 손수 심으신 담쟁이덩굴이 지금은 창문을 장식하고 지붕까지 뻗어 있는 것이었다.

이 모든 것들을 떠나야 한다는 것, 그리고 2층에서는 누이동생이 짐을 꾸리느라 왔다 갔다 하는 발소리가 들려오는 것이 선생님에게는 얼마나 큰 고통이며 가슴 아픈 일이었을까? 내일이면 선생님과 그 누이는 영원히 이곳을 떠나야만 했던 것이다.

그러나 선생님께서는 우리의 마지막 수업을 끝까지 계속할 굳은 마음을 가지고 계셨다.

글씨 쓰기가 끝나자 다음에는 역사 시간이었다. 역사 시간이 끝나자 다음에 모두 함께 바(BA), 베(BE), 비(BI), 보(BO), 부(BU)를 합창했다.

교실 뒤쪽에서는 오제 영감님이 안경을 쓰고 프랑스어 책을 두 손에 든 채 아이들과 함께 따라 읽고 있었다. 오제 영감님도 무척 열심이라는 것을 알 수 있었는데, 그 목소리는 감동으로 떨리고 있었다. 그 목소리가 너무나 우스워서 우리는 웃어야 할지 울어야 할지 모를 지경이었다.

아아! 나는 이 마지막 수업을 평생 동안 잊지 못하리라……

그때 성당의 괘종 시계가 열두 시를 치고, 이어서 앙젤리스(삼종 기도)의 종소리가 울렸다. 바로 그때 훈련을 끝내고 돌아오는 프로이센 병사들의 나팔 소리가 교실 창문 바로 밑에서 요란하게 울려 퍼졌다. 그러자 아멜 선생님은 아주 창백한 얼굴로 일어나 탁자를 붙잡았다. 선생님이 이때처럼 크게 보인 적은 한번도 없었다.

"여러분……."

선생님은 말씀하셨다.

"여러분, 나, 나는…… 나는……."

선생님께서는 목이 메어 더 이상 말을 끝맺지 못하시고 칠판을 향해 몸을 돌렸다. 그러고는 분필을 잡고 온 힘을 다해 큰 글자로 이렇게 쓰셨다.

'VIVELA FRANCE (프랑스 만세)!'

그리고 나서 머리를 칠판에 기댄 채 한참을 계시더니 말없이 우리를 향해 이렇게 말씀하셨다.

"이제 끝났습니다…… 모두 돌아가십시오."

# 살 집을 마련하다

뒤통수를 맞은 건 토끼들이었다. 오래전부터 풍찻간의
문이 잠겨 있었고 벽도, 바닥도 풀에 파묻혀 있는 모습을
보고 그들은 방앗간지기라는 인종이 마침내 멸종된 것이
라 믿고는 이게 웬 떡이냐 싶어 총사령부인지 참모부인지
를 만들었다. 즉, 토끼군 마을이라는 이름의 물레방앗간
이 되어 버린 것이다.

내가 도착한 날 밤, 바닥에 모여 다리를 죽 펴고서 부드
러운 달빛을 편안하게 쬐고 있는 놈들이 분명 스무 마
리도 넘었다. 창문을 살며시 연 순간, 우당탕탕! 경계를
풀고 야영을 하고 있던 토끼들의 부대는 마침내 적의 침
입을 받았고, 작고 흰 엉덩이에 꼬리를 세우고 풀숲으로

도망쳤다. 다시 돌아와 주면 좋으련만.

또 하나 나를 보고 대단히 놀란 이는 이십 년 이상 이 물레방앗간 이층에서 셋방살이를 하고 있는 이다. 철학자 같은 얼굴을 하고 있는 음산한 주인공은 다름 아닌 부엉이 영감님이었다. 나는 그가 위쪽 방 벽토며 깨어진 기와 속에서, 또 대들보 위에 고즈넉이 앉아 있는 것을 보았다. 그는 한동안 그 커다랗고 둥근 눈으로 나를 바라보더니 전혀 모르는 사람인지라 깜짝 놀라 '부엉, 부엉!' 하고 울기 시작하더니 먼지 때문에 잿빛이 다 된 날개를 천천히 움직이기 시작했다. 사색가인 그는 보나마나 솔질 따위는 하지 않을 것이다.

하지만 그런 것은 아무래도 좋았다. 눈을 떴다 감았다 하며 얼굴을 잔뜩 찌푸리고는 있어도 이 말수 적은 셋방사는 이의 모습은 무엇보다 내 마음에 들었다.

그래서 나는 바로 임대계약을 맺었다. 그는 원래대로 지붕과 입구가 달린 물레방앗간 위쪽을 모두 차지하고, 나는 아래쪽에 있는 방을 쓰기로 했다. 기도원의 식당처럼 낮고 둥근 천장을 석회로 하얗게 칠한 아주 작은 방, 바로 이 방이다. 문을 활짝 열어 밝은 햇살을 받으면서 내가 편지를 쓰고 있는 바로 이곳.

이곳은 밝은 햇살에 살랑이는 예쁜 소나무 숲이 내 앞을 지나 산 밑까지 이어지고 있다. 그리고 저 멀리로는 아르피유의 산봉우리들이 아름다운 산 정상의 자태를 뽐내고 있다.

아무 소리도 없는 정적. 다만 아련하게 귀를 간지럽히는 나무피리 소리, 라반드 숲에서 지저귀는 도요새 소리, 그리고 길을 가는 암탕나귀의 방울 소리만이 이따금씩 들려올 뿐이다. 이렇게 프로방스 지방의 이 아름다운 경치는 모두 빛을 얻어 비로소 자기 색을 드러낸다. 이제 그대들이 살고 있는 소란스럽고 빛바랜 도시, 파리 따위에 무슨 미련이 있으리……

물레방앗간 오두막은 편하고 아늑하다. 이곳이야말로 내가 찾고 있던 고장, 신문과 마차 그리고 희뿌연 안개로부터 천 리나 떨어진 따스하고 향기가 나는 곳이다. 게다가 오두막 주위에는 이 얼마나 숱한 아름다운 것들이 있는가? 이곳에 자리 잡은 지 고작 일주일밖에 안 되었는데도 어느새 사물과 풍경들의 따뜻한 인상과 잊지 못할 추억으로 머리가 가득 차 있다.

어제 저녁 나는 산기슭에 있는 농가로 양떼들이 돌아오는 광경을 직접 보게 되었다. 이 광경은 이번 주 파리의 극장 무대를 장식할 그 어떤 연극과도 바꾸지 않을 만큼 실로 장관이 아닐 수 없었다.

날씨가 더워지면 프로방스 사람들은 가축들을 알프스로 보내곤 한다. 동물도, 사람도 배까지 닿는 풀 속에서 밤을 밝히며 반 년 정도를 산 위에서 지내는 것이다. 그러다가 선선한 가을바람이 불기 시작하면 다시금 마을로 내려와 향기 좋은 언덕의 풀을 뜯게 한다. 그 양떼들이 마침 어제 저녁나절에 돌아온 것이다.

이른 아침부터 마을 사람들은 집집마다 대문을 활짝 열어놓고 그들을 기다렸고, 양 우리에도 새 짚을 깔아 양들을 맞을 채비를 끝내고 있었다.

"지금쯤 에이기엘을 지나고 있을 거야. 지금 시간이면 빠라도우에는 도착했을걸……."

사람들은 하루 종일 이런 말을 주고받았다.

"저기 온다!"

누군가 이렇게 큰소리로 외쳤다. 그가 가리키는 쪽으로 고개를 돌리자 저 멀리 뿌연 먼지를 일으키며 양들의 무리가 서서히 모습을 드러냈다. 그것은 마치 길이 그대로 양들과 함께 걸어오는 것처럼 보였다.

덩치가 가장 큰 숫양이 뿔을 앞세우고 힘찬 걸음으로

제일 앞서서 걸어왔다. 그 뒤로 거대한 군락을 이루며 따라오는 양의 무리, 다리 사이에 새끼들을 끼고 무리를 따르는 어미 양의 모습도 볼 수 있었다.

갓 낳은 새끼 양을 넣은 망태기를 등에 진, 빨간 리본을 단 수탕나귀, 혀를 땅바닥까지 늘어뜨린 먼지투성이 양치기 개가 이어지고, 마지막으로 큰 키의 양치기가 법관의 제복처럼 발꿈치 위까지 늘어진 울긋불긋한 세르 외투를 입고 모습을 드러냈다. 이렇게 긴 행렬을 이루며 마을 입구를 지나 소나기 같은 발소리를 내면서 대문 안으로 줄지어 들어갔다.

양 떼를 맞아들이는 집 안의 한바탕 소동 또한 장관이 아닐 수 없었다. 그물눈 같은 벼슬을 단 황금색의 커다란 공작새가 앉아 있던 나무 위에서 누군가가 '자아, 모두들 돌아오신다!' 하고 외치며 힘차게 나팔을 불어 그들을 반갑게 맞아들였다. 잠을 자고 있던 양 우리는 일시에 눈을 떴고 비둘기, 오리, 칠면조의 몸짓도 부산해졌다. 이 한바탕의 소동을 일으키며 양들은 자기 집으로 돌아갔고, 이 이동처럼 사랑스러운 것은 없었다.

늙은 숫양은 그리운 먹이통을 보고는 비로소 마음을 놓고, 여행 도중에 태어나 마을 정경을 처음 대하는 새끼

양들은 놀란 눈을 하고서 주위를 두리번거렸다. 그 중에서 가장 시선을 끄는 것은 뭐니 뭐니 해도 개였다. 선량한 양치기의 개, 양들을 모느라 쉴 새 없이 몸을 움직여야 하는 양치기 개, 마을에 도착해서도 양치기 개의 시선은 우리로 들어가는 양들에게만 고정되어 있었다.

집을 지키는 개가 개집 안쪽에서 반갑게 짖어대도 끄떡도 않고, 신선한 물을 가득 담은 우물의 두레박이 신호를 보내도 소용없었다. 양들이 우리로 들어가고 문고리에 커다란 자물쇠가 채워지며, 옷에 먼지를 다 털어낸 양치기가 식탁에 자리를 잡을 때까지는 그 무엇도 보려 하지 않으며, 또 들으려고도 안 했다.

그런 뒤에야 개집으로 돌아가 그곳에 놓인 한 그릇의 수프를 핥으며 마을의 동료들에게 높은 산 위의 늑대 얘기며, 꽃잎 한가득 이슬을 머금은 새빨간 디기탈리스가 피는 기막힌 고장에서 자기들이 한 일을 가만가만 들려주었다.

# 아를르의 여인

　풍찻간에서 마을로 내려가려면 회양목을 심은 큰 뜰이 있는, 길가에 세워진 한 농가 앞을 지나야 한다. 빨간 기와지붕으로 단장한 이 집의 밤색 넓은 외벽에는 불규칙적으로 창이 열려 있고, 헛간의 창과 함께 건초 더미가 몇 다발씩 쌓여 있는 활차가 보이는데, 그 정경은 과연 프로방스 지주의 집다웠다.

　어째서 이 집이 내 시선을 끄는지, 어째서 저 닫혀 있는 문이 내 가슴을 아프게 만드는지 말로는 설명할 수 없었지만, 이 집을 보면 나는 전율을 느끼며 몸서리가 쳐지곤 했다.

　주위는 너무나도 조용했다. 사람이 지나가도 개 짖는

소리 하나 없고, 새들도 울지 않고 날아가 버렸다. 집 안에서는 사람 목소리 하나 들려오지 않고, 하다못해 당나귀 방울 소리조차 들리지 않았다. 창의 흰 커튼과 굴뚝에서 피어오르는 연기가 없었다면 아무도 살지 않는 빈 집이라고 생각될 정도였다.

어제 낮, 마을로 돌아오는 길에 나는 햇빛을 피해 이 집의 벽을 따라 회양목 그늘 밑을 걷고 있었다. 집 앞 길에서는 남자 하인들이 말없이 건초 더미를 짐차에 싣고 있었다. 문이 열려 있어 지나치면서 들여다보니 뜰 안쪽에 머리를 두 손으로 감싸고 커다란 돌 테이블에 팔꿈치를 괴고 있는, 키 크고 머리가 흰 노인이 보였다. 짧은 웃옷에 누더기 같은 반바지를 입은 노인을 발견한 내가 걸음을 멈추자 하인 한 사람이 낮은 목소리로 말했다.

"쉿! 이 댁 나리십니다. 아드님이 불행한 일을 겪은 뒤로는 줄곧 저렇답니다."

때마침 상복을 입은 여자와 키 작은 사내아이가 금테를 두른 두꺼운 기도 책을 손에 들고 우리 앞을 지나 집 안으로 들어갔다. 하인의 설명이 이어졌다.

"미사에서 돌아온 마님과 둘째 도련님이죠. 큰 아드님이 자살한 뒤로는 매일 미사엘 나가시지요. 참말 딱한 일

입니다. 주인 나리는 아직도 죽은 아드님의 옷을 입고 있지 뭡니까요. 아무리 벗기려 해도 도무지 벗길 수가 없습니다요……. 이랴, 이랴!"

마차는 요동을 치며 움직이기 시작했다. 사정 이야기를 좀 더 자세히 들어보고 싶어진 나는 마부 옆자리에 올라탔다. 이리하여 건초 더미를 뒤에 실은 마차에서 이 슬픈 이야기의 내막을 다 들은 것이다.

아들의 이름은 쟝이라고 했다. 스무 살이 된 그는 훌륭한 농군으로 튼튼한 몸과 밝은 미소가 떠나지 않는 얌전한 성격이었다. 항상 밝은 얼굴빛을 하고 있어 많은 여성들의 눈길을 끌었지만, 그의 머리에는 한 여성밖에 없었다. 그녀는 우단과 레이스로 온몸을 감싼 아를르의 여인으로 투기장에서 단 한 번 만났을 뿐이었다.

쟝의 부모는 청년의 열병을 달갑지 않게 생각했다. 그녀가 워낙 끼 있는 것으로 널리 알려져 있는데다가 그녀의 부모가 이 고장 사람이 아니었기 때문이었다.

그러나 쟝은 반드시 아를르의 여인과 결혼하겠다고 마음먹었다. 그래서 시도 때도 없이 입버릇처럼 이렇게 말했다.

"그 여자를 내게 데려오지 못하면 죽어 버리고 말겠어."

장의 변할 것 같지 않는 태도에 부모들은 어쩔 수 없이 수확이 끝나는 대로 결혼시키기로 마음을 고쳐먹었다.

그러던 어느 일요일 저녁, 농가 마당에서 가족들이 저녁 만찬을 끝내고 있었다. 결혼 잔치 같았다. 자리에는 보이지 않지만 신부를 위해 그들은 연거푸 술잔을 들어 올렸다. 바로 그때 웬 사내 하나가 문간으로 들어서더니 에스테브와 이야기를 하고 싶다고 강짜를 부렸다. 결국 주인인 에스테브가 자리에서 일어나 밖으로 나왔다.

"나리."

사내가 입을 열었다.

"나리께서는 지난 2년 동안 나의 정부였던 바람둥이 계집을 며느리로 삼으려 하고 계십니다. 지금 드린 말씀은 분명한 사실입니다. 이게 그 편지요. 계집의 부모도 승낙했고, 나는 다짐까지 단단히 받아 두었습니다. 그런데 나리의 아드님이 그 여자에게 빠져든 뒤로는 부모도, 계집도 날 거들떠보질 않는군요. 설마 저하고 같이 살았던 여자를 댁의 며느리로 맞아들이시진 못하겠죠?"

"알겠소."

편지를 받아든 에스테브가 사내에게 말했다.

"집 안으로 들어가 포도주라도 한 잔 하겠소?"

"고맙습니다만, 목의 갈증보다도 가슴이 괴로워 견딜 수가 없을 지경입니다."

이렇게 말하고 그는 사라졌다.

에스테브는 아무렇지 않은 듯 안으로 들어와 다시 식탁에 앉았다. 그리고 식사는 아무렇지도 않게 끝났다.

그날 밤 아버지와 아들은 함께 밭으로 나갔다. 두 사람은 오랫동안 바깥에 있었다. 그리고 그들이 돌아올 때까지 어머니는 그들을 기다리고 서 있었다. 집으로 돌아온 아버지는 아들을 어머니에게로 데리고 갔다.

"여보, 이 아이를 좀 안아 줘요! 가엾은 녀석이라고 ......."

쟝은 더 이상 아를르의 여인 얘기를 입에 담지 않았다. 그러나 말이 없어진 것뿐, 그녀에 대한 사랑에는 변함이 없었다. 오히려 다른 남자의 여자라는 말을 듣고 난 뒤로는 더욱 사랑하게 되었다. 다만 자존심이 너무나 강했기에 아무 말도 하지 않은 것이었다. 그리고 가엾게도 이런 성격이 그를 죽인 것이다.

어떤 때는 아침부터 밤까지 오직 혼자 한구석에서 말도 없이 우두커니 앉아 있는가 하면, 또 어떤 날에는 밭으로

나가 혼자서 열 사람 몫의 일을 미친 듯이 해내기도 했다. 저녁이면 아를르로 가는 길을 따라 뾰족한 종루 가까이까지 말없이 걸어갔다 되돌아오기도 했는데, 결코 그보다 멀리는 가지 않았다.

이런 식으로 그는 언제나 슬픈 듯 혼자 지냈다. 그런 쟝을 두고 농가 사람들은 어떻게 해야 좋을지 알 수가 없었다. 사람들은 제발 더 불행한 일이 그에게 일어나지 않기만을 마음으로 바라고 있었다.

어느 날 식탁에 마주 앉은 쟝의 어머니가 눈물 가득한 얼굴로 그에게 말을 건넸다.

"애야, 쟝! 그렇게도 못 잊겠다면 결혼식을 올려 주마."

그러나 쟝은 고개를 흔들고 밖으로 나갔다. 그리고 이 날부터 그는 생활 태도를 바꾸었다. 부모를 안심시킬 요량으로 늘 명랑한 체했다. 무도회나 술집에도 그의 모습이 다시금 나타났다.

"저 녀석, 이제는 마음을 고쳐먹은 모양이로군……."

아버지는 이렇게 말했지만, 어머니는 여전히 불안한 마음을 놓지 못했다. 그리고 전보다 더 아들의 행동을 눈여겨 살폈다. 누에를 치는 방 바로 곁에서 동생과 함께 지내는 쟝을, 그의 어머니는 옆방에서 지내며 지켰다. 누에 때문에 밤중에 일이 생길지도 모른다는 구실을 대고.

마침내 지주들의 수호신인 성 엘로아의 축제일이 다가
왔다. 농가에서는 모두들 야단이었다. 샤토 노브를 마시
거나 비처럼 쏟아지는 포도주를 마셨고, 마당과 주위를
환하게 밝히는 불꽃과 함께 나뭇가지에는 색색의 등불이
달렸다.

성 엘로아 만세! 모두들 기운이 빠질 때까지 춤을 추었
다. 동생은 새 웃옷을 불에 태웠으며 쟝도 몹시 즐거워 보
였다. 그는 어머니에게 춤을 권했고, 그런 모습에 가엽게
도 어머니는 기쁜 눈물을 흘릴 뿐이었다.

밤이 깊어 사람들은 잠자리로 들어갔다. 다들 피곤했
는지 사람들은 깊은 잠에 빠져들었다. 그러나 쟝은 잠을
자지 않았다. 나중에야 동생은 쟝이 밤새 흐느껴 울고 있
었다고 이야기했다. 아아, 얼마나 괴로워했으랴.


이튿날 새벽, 어머니는 누군가가 방에서 나오는 소리를
들었다. 그녀는 안 좋은 예감에 사로잡혔다.

"쟝, 쟝 아니냐?"

쟝은 대답하지 않았다. 그는 벌써 층계쯤에 있었고 어
머니는 서둘러 자리에서 일어났다.

"쟝, 어딜 가려고?"

쟝은 말없이 지붕으로 올라갔다. 어머니도 그 뒤를 따라 황급히 올라갔다.

"얘야, 제발 부탁이다!"

쟝은 창문을 닫고 빗장을 걸었다.

"쟝, 오, 내 아들 쟝, 대답해다오. 무슨 짓을 하려는 거니?"

그녀는 늙은 손을 떨면서 손으로 더듬어 열쇠를 찾았다. 창이 열리는 순간 뜰의 돌 식탁 위에 무엇이 떨어지는 소리가 났고, 그뿐이었다.

가엾게도 쟝은 이렇게 생각한 것이었다.

'도저히 잊을 수가 없다. 이렇게 살 바에야 차라리 죽어 버리자!'

사람의 마음이란 정말 알지 못할 것이다. 제아무리 상대방을 경멸해도 단념을 못 하다니, 그래서 죽음까지 선택하다니!

그날 아침 마을 사람들은 에스테브 지주의 집 쪽에서 누가 그렇게 울부짖고 있는 거냐고 서로 물었다. 그것은 뜰의 이슬과 피로 젖은 돌 식탁 앞에서 죽은 자식을 껴안고 정신없이 울고 있는 어머니였다.

# 두 여관집

남 프랑스의 도시인 님므에서 돌아오는 길인 7월 어느 날 오후의 일이다.

정말이지 기가 막히게 더운 날이었다. 하늘 가득한 금 빛의 커다란 태양 아래 끝없이 타고 있는 하얀 길에는 올 리브와 키 작은 떡갈나무 화원 전체가 부연 먼지로 뒤덮 여 있었다. 쉴 만한 그늘도 없었고, 바람 한 점 없었다. 다 만 뜨거운 공기의 미약한 진동과 찌르는 것 같은 매미소 리, 귀를 따갑게 하는 미치광이 같은 떨림과 소리는 무한 한 광선의 음향, 바로 그것만 같았다.

이렇게 두 시간 전부터 사막 속을 걸은 것이다. 눈앞을 가리고 있던 부연 먼지 속에 느닷없이 나타난 대여섯 채의 민가, 생 방생의 여관 거리였다. 대여섯 채의 농가, 빨간 지붕을 이고 있는 헛간, 말라빠진 무화과 숲에는 물이 마른 가축들의 우물, 그리고 마을 끄트머리에 두 채의 커다란 여관이 길 양쪽에서 마주 보고 서 있었다.

여관 두 집이 서로 마주 보고 서 있다는 사실이 어쩐지 나의 마음을 사로잡았다. 한쪽은 새로 지은 큰 집으로 활기에 넘쳐 경기가 좋아 보였다. 문이라는 문은 모조리 열리고 승합마차가 대기하고 서 있었으며, 수레에서 풀린 말은 김을 무럭무럭 피워내고 있었다. 마차에서 내린 승객들은 벽이 만들어 놓은 조그만 그늘에서 바쁘게 술을 마시고 있었다.

나귀와 수레가 뒤섞여 붐비는 뜰, 헛간 그늘에 누워 시원해지기를 기다리는 마부, 집 안에서는 고함을 지르며 외치는 소리, 테이블을 주먹으로 내려치는 소리, 술잔 부딪치는 소리, 당구 치는 소리, 펑펑 하며 레몬수 병마개 따는 소리, 그리고 그 소란스러움을 이기며 들리는 명랑한 노랫소리가 유리창을 흔들어댔다.

귀여운 처녀 마르코턴

50

아침에는 일찍 깨어나
은 물주전자를 손에 들고서
맑은 옹달샘을 찾아 나섰네.


여기에 비하면 건너편 여관은 쥐 죽은 듯 조용해서 영락없이 빈집처럼 여겨졌다. 현관에는 잡초가 무성했고, 문은 부서져 입구에는 완전히 시든 호랑가시나무 잔가지가 해묵은 깃 장식처럼 늘어져 있었으며, 층계에도 돌들이 잔뜩 널려 있었다. 이렇게 모든 게 형편없고 한심스럽기 짝이 없었기에, 이곳에 들러 술 한 잔이라도 마시는 일은 분명 자선을 베푸는 일로 생각될 정도였다.


안으로 들어가 보니 인적이 없어 음산하게 느껴지는 길고 허름한 방이 나타났다. 세 개의 창이 나 있는 그 방은 스며드는 눈부신 햇살로 더욱 낡아 보였다. 먼지를 잔뜩 뒤집어쓴 컵들이 아무렇게나 뒹굴고 있는 허름한 테이블, 네 귀퉁이의 구멍이 사발만큼 크게 뚫려 있는 나사 빠진 당구대, 먼지가 켜켜로 앉은 긴 안락의자, 고장 난 계산대, 그런 따위의 물건들이 가슴까지 느글거리게 할 것 같은 답답한 더위 속에서 잠들어 있었다. 그리고 파리 떼

들, 이렇게 많은 파리를 나는 여태껏 본 적이 없다. 천정이며 유리창이며, 컵 안에 파리들이 그야말로 범벅으로 달라붙어 있었다. 문을 열자 붕하며 내는 날개 소리는 마치 꿀벌 둥지에라도 들어선 것 같았다.

방 안쪽 가장 끝 쪽의 창문에 여자 하나가 유리창에 이마를 눌러댄 채 열심히 바깥쪽을 바라보고 있었다. 나는 두 번씩이나 그녀를 불렀다.

"여보세요……. 아주머니!"

나의 부름에 그녀가 천천히 몸을 돌렸다. 흙빛 피부의 주름이 잔뜩 잡힌, 전형적인 시골 여자의 초라한 얼굴이었고, 이 지방에서는 할머니들이나 쓰고 있을 법한 자락이 긴 레이스 두건으로 얼굴을 감싸고 있었다. 하지만 이 여자는 할머니는 아니었다. 다만 눈물과 상심으로 완전히 사그라진 외모를 하고 있었다.

"무슨 일이신가요?"

눈물을 닦아내며 그녀가 물었다.

"잠시 쉬어 가고 싶은데요, 뭐 마실 것 좀 없나요?"

그녀는 몹시 놀란 표정으로 그 자리에서 꼼짝도 하지 않은 채 나를 바라보았다. 영문을 알 수 없다는 듯한 기색이 역력했다.

"여기도 여관 아닌가요?"

다시 묻는 내 질문에 여자는 한숨을 쉬면서 대답했다.

"아뇨. 여관이긴 합니다마는, 왜 다른 분들처럼 저쪽 집으로 안 가시고? 저쪽 시설이 훨씬 좋고, 손님도 많은데 ……."

"저기는 지나치게 시끄럽네요. 조용한 이곳이 더 나을 것 같은데요."

그러면서 나는 대답도 기다리지 않고 테이블 앞에 앉았다. 내가 진심으로 말하고 있다는 사실이 분명해지자 아주머니는 굉장히 분주하게 움직이기 시작했다. 파리를 쫓는다, 서랍을 연다, 병을 흔든다, 컵을 닦는다…….

접대해야 할 나그네가 찾아들었다는 사실이 그녀에게는 그야말로 기대하지 못했던 사건인 것 같았다. 가련한 여인은 이따금씩 하던 일을 멈추었다. 도저히 손님을 끝까지 대접할 수 없다고 생각하는 모양이었다.

이윽고 그녀는 안방으로 들어갔다. 열쇠를 찾아내어 굳게 닫혀 있던 창문을 열고, 빵 상자를 뒤지고, 접시를 닦는 소리가 들려왔다. 가끔씩 깊은 한숨 소리와 함께 억제할 수 없는, 가슴 깊이 흐느끼는 소리도 간간이 들려왔다.

이런 준비가 갖추어지기까지 약 십오 분쯤 걸렸다. 내 앞으로 바짝 마른 건포도 한 접시, 돌덩이처럼 단단해 보이는 보케르의 묵은 빵, 싸구려 포도주 한 병이 나올 때까지 걸린 시간이었다.

"입에 맞으실지 모르겠네요……."

묘한 표정으로 말을 마친 여자는 원래대로 창 앞으로 가서 섰다.

천천히 술을 마시면서 나는 짐짓 그녀에게 말을 걸어 보았다.

"이곳엔 손님이 과히 없을 테죠, 아주머니?"

"그러믄요, 손님이라곤 단 한 사람도……. 그래도 이 마을에 우리 집 한 군데만 있었을 땐 이렇지는 않았어요. 오리 사냥철엔 사냥꾼들이 몰려와서 식사를 했죠. 마차도 일 년 내내 끊이지 않았답니다. 하지만 건너편 사람이 여관을 차린 뒤로는 아주 끝장이 나 버리고 말았어요. 손님들도 다들 저 집에 빼앗겨 버렸고……. 하기야 저희 집은 모두들 좀 음산하다고 생각되나 봐요. 우리 집이 아늑한 맛은 없지요. 게다가 저 역시 예쁘지도 않고, 병을 갖고 있는데다가 두 딸까지 모두 죽었고, 저쪽은 반대로 일 년 내내 웃음이 끊이질 않지요. 저쪽 집 주인은 아를르 태생

으로 목에 금목걸이를 세 바퀴나 감은 미인이지요. 마부도 그 집 정부라서 마차를 그 집에다만 댄답니다. 게다가 젊은 여자 종업원들까지 말솜씨가 뛰어나답니다. 그러니 손님들이 그 집으로만 몰릴 수밖에……."

그녀는 여전히 이마를 창유리에 댄 채 힘 빠진 목소리로 말을 잇고 있었다.

그때 갑자기 길 한쪽이 시끄러워졌다. 마차가 먼지 속에서 요동치며 멈춰 섰다. 채찍 소리, 그리고 마부의 나팔 소리, 문간으로 달려든 여자들의 반기는 목소리가 들려왔다.

"안녕, 안녕!"

그러고는 아까의 그 기막힌 노랫소리는 한층 더 높이 들려왔다.


은 물주전자를 손에 들고서
맑은 옹달샘을 찾아 나섰네.
그곳에 세 명의 용사들…….


그 소리에 여주인은 온몸을 부르르 떨며 내 쪽을 돌아보고는 낮은 소리로 말했다.

"들으셨나요? 제 남편이에요. 노래가 기막히지요?"

나는 깜짝 놀라 여자를 보았다.

"뭐라고요? 당신 남편이란 말이죠? 그럼 이 집 주인도 저 집으로 가나요?"

그러자 여자는 슬픈 듯, 그러나 상냥함을 잃지 않으며 대답했다.

"어쩔 수 없는 일이죠. 남자들이란 원래 다 저런 거니까요. 남자들은 우는 얼굴을 싫어해요. 그런데 저는 딸들을 잃고 난 뒤로는 줄곧 울고만 있었어요. 그런데다가 사람 하나 오지 않는 이 넓은 집은 정말 음산하니까요. 그래서 가슴이 답답해지면, 딱하게도 남편은 저쪽 집으로 마시러 간답니다. 그리고 워낙 목청이 좋아 저 아를르의 여자가 노래를 시키는 거지요."

그녀는 이렇게 말하고 몸을 떨며 손을 내밀고는 굵은 눈물을 뚝뚝 흘렸고, 더한층 추한 표정을 지으며 황홀한 듯 아를르의 여자에게 노래하는 남편의 목소리에 귀를 기울이고 있었다.

# 상기네르의 등대

어젯밤에는 잠을 이룰 수가 없었다. 미스트랄이 마구 날뛰며 무섭도록 몰아치는 소리에 아침까지 한잠도 이룰 수가 없었다. 바람이 비명을 지르며 배의 밧줄처럼 소리를 내며 무섭게 흔들렸고, 풍찻간 전체가 마구 삐거덕거렸다. 기와도 바람에 뜯기며 마구 흩어져 지붕에서 날아갔다. 멀리 언덕을 뒤덮은 소나무 숲 역시 캄캄한 어둠 속에서 소용돌이치며 신음을 냈다. 그랬다. 어젯밤에는 마치 성난 바닷가 한가운데에 있는 것만 같았다. 그리고 어제의 일은 삼 년 전 코르시카 연안의 아작시오만 입구에 있는 상기네르 등대에서 지낼 때의 연일 계속되는 불면증에 시달렸던 기억을 생생하게 떠올리게 했다. 그곳 역시 나의 아련한 꿈을 유지하기에 적당한 집이 있는 아름답고 조용한 곳이었다.

불그레하고 고즈넉한 섬을 상상해보라. 한 모퉁이에는 등대, 반대편에는 제노아식으로 쌓아 올린 유서 깊은 탑이 하나, 내가 머물러 있을 당시에는 독수리도 한 마리가 살고 있었다. 넓은 백사장이 있는 바닷가, 거기엔 우거진 잡초 덤불 속에 대피소도 있었다. 또 오랜 세월 비로 깎인 작은 분지와 밀림, 큰 바위, 야생의 염소며 갈기를 바람에 나부끼며 뛰어다니는 코르시카의 작은 말, 그리고 저 멀리 높은 하늘에 바닷새가 무리지어 날아오르던 그곳은 참으로 아름답고 내게 어울리는 섬이었다.

거기서 내가 했던 일? 그것은 이곳에서 하고 있는 것보다도 적었다. 미스트랄이나 트라몽딴느가 그리 강하지 않을 때는 갈매기, 제비 따위를 벗 삼아 수면에 닿을 것 같은 두 개의 바위 사이로 가서 앉는다. 그러고는 별로 하는 일 없이 멍하니 바다를 바라보는 것만으로 모든 시름을 잊고, 상쾌한 사색으로 나른하게 가라앉아 거의 온종일을 그렇게 보내는 것이었다. 누구라도 충분히 상상해 볼 수 있는 느낌, 마치 비몽사몽간을 넘나들며 취해 있는 듯한 상태의 나른함, 생각하는 것도 아니요, 꿈을 꾸는 것

도 아닌 그 몽롱한 상태를……

그러면 어느덧 몸도 마음도 나를 벗어나 날아가고 흩어진다. 나의 몸은 물속을 스치는 갈매기가 되고, 햇살을 받아 두 개의 파도 사이를 떠도는 물거품이 되기도 한다. 멀어져 가는 저 우편선의 흰 연기가 되고, 빨간 돛을 단 산호선이 된다. 파도의 물방울로 흩어지고, 구름 한 조각이 되어 흐르기도 한다. 그 무엇이든 내가 아닌 것으로 순간순간 변해 보는 것이다……. 아아, 이 섬에서 나는 얼마나 많은 몽롱함과 나를 잊어버리는 행복하고 상쾌한 기억들을 만들어 냈던가!

바람이 거센 날엔 바닷가로 나갈 수 없었기 때문에 나는 이따금씩 대피소 안마당에 틀어박혀 지냈다. 로즈마리와 야생의 각종 쑥 내음이 가득했던 그곳은 작고 쓸쓸한 기운을 마음껏 유지하기에 적당한 작은 뜰이었다. 나는 그곳에서 먼지 냄새 나는 벽에 기대어 황폐와 비애의 어렴풋한 향기가 몸 위를 엄습하는 대로 나 자신을 맡기고 있었다. 그 향내는 고대의 묘지처럼 입을 크게 벌린 석조 대피소 안을 햇살과 함께 떠돌고 있었다.

이따금 무엇인지 문에 부딪친다. 그것은 또한 풀 속을 가볍게 뛰어다니기도 했다. 알고 보니 바람을 피해 풀을 뜯으러 오는 한 마리의 산양이었다. 나를 보고 놀라서 멈추어 선 산양은 꼼짝도 않고 나를 주시하며 서 있었다.

활발해 보이는 모습, 뿔을 높이 세우고 순진한 눈으로 나를 바라보면서 한참을 서 있었다.

다섯 시쯤 되면 등대지기가 메가폰으로 저녁 식사를 알려 온다. 그러면 나는 아주 천천히 바다로 이어지는 가파른 언덕의 무성한 숲 속 오솔길을 거슬러 올라간다. 그리고 점점 넓어지는 물과 빛으로 어우러진 수평선을 한 걸음마다 뒤돌아보면서 천천히 등대 쪽으로 돌아가는 것이다.

언덕 위는 아름다웠다. 커다란 돌을 깔고 떡갈나무 판자로 벽을 만든 작은 식당에 들어서면 불 위에서 김을 내고 있는 생선 조림이 식욕을 불러일으켰고, 활짝 열린 흰 테라스 문을 통해 한가득 비쳐 들어오는 장엄한 일몰은 만족스런 저녁 식사를 할 수 있게 해 주는 훌륭한 요리였다.

그곳의 등대지기들은 내가 돌아올 때까지 참을성 있게 기다리고 있다가 식탁에 둘러앉았다. 모두 세 사람이었는데, 하나는 마르세유 사람이었고 나머지 둘은 코르시카 출신이었다. 세 사람 모두 키 작은 사내로 수염투성이며, 똑같이 햇볕에 검게 그을린 주름 잡힌 얼굴을 하고 있었다. 그리고 모두가 산양털 가죽으로 된 겉옷을 걸치고 있었는데 태도나 기질은 사뭇 달랐다. 그들의 생활 태도를 보면 이내 이 두 지방 사람의 차이를 알 수 있었다. 마르세유 출신은 매사에 솜씨가 있고 활발하며 줄곧 바쁜 듯이 하루를 지냈다. 아침부터 밤까지 섬 이곳저곳을 뛰어다니며 밭을 간다, 낚시를 한다, 구아이유의 알을 모은다, 숲에 숨어 있다가 지나가는 산양을 잡아 젖을 짜는 식의 하루를 보냈다.

한편 코르시카의 사내들 쪽은 자기가 맡은 근무 이외에는 절대로 일을 안 했다. 그들은 높은 관리라도 된 것처럼 종일 식당에서 끝없이 스코바를 하며 시간을 보냈다. 그리고 쉬는 때면 의젓하게 앉아 파이프에 불을 댕기거나 큼지막한 녹색의 담뱃잎을 가위로 자르기 일쑤였다. 그러나 마르세유 출신도 코르시카 사내들도 천성으로 타고난 성격은 단순하고 소박한 호인으로 손님인 나에게는 지극히 친절했다. 실제로도 내가 좀 색다른 인간으로 보였을 테지만.

생각해 보라. 스스로 재미나서 등대에 틀어박혀 지내다니! 등대지기라면 하루가 삼 년 같기만 하고, 뭍으로 오르는 날을 그 얼마나 기다리는 판인데……. 맑은 날이 계속되는 봄과 가을에는 그나마 교대 근무를 할 수 있는 기쁨이 매달 한 번 꼴로 돌아왔다. 등대 근무 30일에 육상 근무 10일, 이것이 원래의 근무 규칙이었다. 하지만 한겨울이나 장마철에는 규칙이 있을 수 없었다. 바람이 마구 불고, 파도가 노하여 상기네르의 섬들이 하얀 파도 거품에 뒤덮일 때면, 등대지기는 길게는 이삼 개월 동안 뭍으로 나갈 생각을 접은 채 파도와 바람과의 싸움을 계속해야 했고, 때로는 공포 가득한 경험까지 감수해야만 했다.

"심지어 나는 이런 일까지도 당한 적이 있지요, 나리."

여느 날처럼 오후 다섯 시경에 식사를 하면서 바르톨리 영감이 이야기를 꺼냈다.

"오 년 전에는 이런 꼴을 당한 적이 있죠. 식사를 하고 있는 바로 이 자리에서 말입니다. 영락없이 오늘 같은 겨울밤이었죠. 그날 밤 등대엔 체코라는 동료와 나, 단둘뿐이었습니다. 다른 근무자들은 병이 났으니, 휴가니 해서 뭍에 올라가 있었지요. 둘이서 조용히 저녁밥을 먹고 있는데, 갑자기 이 체코라는 동료가 밥을 먹다 말고는 별스러운 눈빛으로 나를 한참 바라보는 겁니다. 그러더니 팔을 앞으로 쭉 뻗은 채 테이블 위로 털썩 엎어지는 게 아니겠습니까요. 깜짝 놀란 나는 그 친구에게로 다가가서 그

를 흔들어대며 이름을 불렀죠.'이봐, 체코! 이봐, 체코!' 한
참을 불러도 그 친구, 아무 대답도 없는 거였습니다. 어느
새 죽어 있었던 거죠. 그때 어찌나 혼비백산했는지······.
아실 수 있죠? 난 한 시간이 넘도록 시체 앞에서 멍하니
떨고 있다가 불현듯 등댓불 생각이 났습니다. 그래서 곧
장 램프 실로 올라가 불을 켰죠. 어느새 날은 저물어 있
더군요. 정말 기막힌 밤이었죠. 파도 소리도, 바람 소리
도 그날 밤엔 심상치가 않았죠. 층계 사다리에서 누군가
가 줄곧 날 부르고 있는 것만 같은 환청이 들려오고, 게
다가 열마저 나고, 목은 바짝바짝 말라 오고······. 하지만
식당으로 내려가려니 그것도 엄두가 나지 않았습니다. 죽
은 사람이 어찌나 무섭던지. 그래도 새벽녘이 되자 담이
좀 생기더군요. 나는 동료를 침상으로 끌고 가서는 모포
를 덮어 주고 잠시 기도를 올리고는 즉시 뭍을 향해 위험
신호를 보내기 시작했어요.

그때까지도 바다는 집채만 한 파도를 일으키며 마구 날
뛰고 있었어요. 그러니 위험 신호를 아무리 보내도 누구
하나 오지 않는 거였지요. 가엾게도 죽은 체코와 나는 그
렇게 이 등대에 버려졌지 뭡니까. 언제까지 그렇게 갇혀
지내야 하는지 가늠할 수 없었습니다. 누군가 우리에게

66

오려면 일단 날이 개야 할 것이고, 또 그때까지 가엾은 체코를 곁에 두고 있자니……, 그 생각도 사흘쯤 지나자 도저히 견딜 수 없게 되더군요. 어떻게 하느냐? 밖으로 끌어내느냐, 파묻느냐? 하지만 나리도 아시다시피 섬 전체가 바위투성이인데다가 또 까마귀는 좀 많죠. 그래도 착실한 크리스천인 체코를 까마귀밥으로 내어줄 수는 없는 노릇이었죠. 그래서 생각다 못한 나는 그를 어깨에 짊어지고 대피소로 내려가기로 결심했습니다. 이 비통하고 힘겨운 일은 오후 내내 걸렸습니다. 게다가 정말이지 배짱이 필요한 일이었죠. 나리, 지금도 바람이 세게 부는 날 대피소로 내려가는 그 길을 걷다 보면 아직도 어깨 위에 시체를 짊어지고 있는 것만 같아 정말 소름 끼치는……."

오, 바르토리 영감! 그는 생각만 해도 이내 식은땀이 흘러내리는 모양이었다.


저녁 식사는 이런 이야기 속에 계속되었다. 등대 얘기며, 바다 얘기, 난파선, 그리고 코르시카의 산적 이야기……. 이윽고 해가 지면 첫 번째 근무자는 작은 램프에 불을 댕기고, 담뱃대와 술병, 그리고 상기네르 섬에 있는 유일한 책인 두툼하고 빨간 테두리를 한 『플루타르크 영웅

전』을 들고 방에서 나갔다. 잠시 뒤엔 사슬이며 활차 소리가 나고, 시계추를 감아올리는 소리 등이 등대 안에 요란하게 울렸다.

그러는 사이에 나는 방 밖의 테라스로 나가 앉았다. 이미 완전히 기울어진 태양은 수평선 전체를 배경으로 바닷속으로 제 모습을 감추고 있었다. 어느덧 바람은 차가워지고 섬은 온통 보랏빛으로 물들었다. 가까운 하늘엔 커다란 독수리 한 마리가 육중한 날개를 펼치고 제노아식 탑 쪽으로 천천히 날아갔다.

바다에는 차츰 안개가 끼기 시작했고, 잠시 후 섬 주위는 파도가 바위를 때리는 하얀 포말 외에는 아무것도 보이지 않게 되었다. 그리고 다음 순간 머리 위를 가로지르며 부드러운 빛의 큰 파도가 일었다. 등대에 불이 켜진 것이다. 섬 전체를 암흑으로 남겨둔 채 환한 등대 불빛은 바다 저쪽으로 멀어져 갔다. 머리 위엔 빛의 파도가 일고 있고, 나는 그 밑자락의 어둠 속에 쌓여 또다시 몽롱한 명상을 시작했다.

바람은 점점 차가워졌다. 이제 안으로 들어가지 않으면 안 된다. 손으로 더듬어 큰 문을 닫고 빗장쇠를 단단히 채우고는 여전히 손으로 더듬으면서 작은 쇠사다리를 올라

등대 꼭대기에 이르렀다. 이곳이야말로 말 그대로 광명이었다.

여섯 줄의 심지에 불이 붙은 거대한 램프를 상상해 보라. 주위를 서서히 도는 반사막엔 수정으로 만든 큼지막한 렌즈가 달려 있고, 그 주위로는 불길이 바람에 꺼지지 않게 하기 위해 고정된 유리벽이 있었다.

안으로 들어서자 눈이 부셨다. 동과 주석의 합금으로 만든 반사기, 일정한 궤도를 따라 천천히 돌고 있는 푸르스름하고 거대한 렌즈와 반사막, 그리고 번쩍이는 반사광과 램프의 탁탁 터지는 소리……. 나는 한동안 현기증을 느꼈다.

눈은 차츰 빛에 익숙해졌다. 나는 빛 바로 밑까지 가서 소리 높이 『플루타르크 영웅전』을 읽으며 잠을 몰아내고 있는 등대지기 옆에 말없이 앉았다. 밖은 암흑, 그리고 깊은 바다, 유리벽 주위를 감싸고 도는 작은 발코니에는 바람이 미치광이처럼 날뛰고 있었다. 등대는 삐걱거리고 바다는 신음을 토했다. 섬 끝자락의 암초에서 파도는 거대한 함포 소리를 울리고 있었다.

이따금씩 눈에 보이지 않는 손가락이 유리를 두드렸다. 강렬한 불빛에 이끌려 와서 머리를 유리에 부딪히는 각종

70

바닷새들의 소리였다. 눈이 부시도록 환하게 밝혀진 불빛 속에는 다만 탁탁 하는 램프 터지는 소리, 서서히 풀리는 사슬 소리, 그리고 플루타르크 영웅들의 일생을 노래하는 단조로운 목소리만이 들릴 뿐이었다.

등대지기는 자정이 되면 앉아 있던 자리에서 일어나 마지막으로 불 조절을 하고는 밑으로 내려갔다. 계단 중간에서 눈을 비비며 올라오는 두 번째 근무자를 만났다.

그리고 술병과 책이 넘겨졌다.

잠자리에 들기 전에 우리는 잠시 사슬이며, 추며, 그 밖의 각종 집기들을 넣어 두는 안쪽 방으로 들어갔다. 이곳에서 가지고 나온 작은 취침용 램프를 테이블 위에 놓고서 전 근무자는 늘 펼쳐져 있는 커다란 등대일지에 간단한 기록을 남겼다.

'오전 0시. 파고 높음. 폭풍. 그리고 먼 바다에 배 한 척이 보였음. 이상.'

# 세미얀트 호의 최후

    간밤의 미스트랄은 우리를 코르시카 해안으로 데려다 주었다. 그래서 오늘은 이곳의 어부들이 종종 밤을 새우며 흔히 나누는 무서운 바다 이야기를 하려고 한다. 나 역시 우연히 그 이야기를 듣게 되었고, 꽤 이상한 얘기라고 생각했다.

    지금부터 이삼 년 전의 일이다.

    나는 여덟 명의 세관 수부와 함께 사르테뉴 바다를 항해하고 있었다. 바다에 익숙지 않은 나로서는 너무나 힘겨운 여행이었다. 3월 한 달 내내 단 하루도 날씨가 좋은 날이 없었다. 동풍은 우리의 뒤를 쫓아 집요하게 불어왔고, 바다의 노여움은 좀체 풀리지 않았다.

어느 날 저녁 우리는 폭풍을 피해 보니파시오 군도 해협 입구의 작은 섬으로 배를 댔다. 주위의 경관도 썩 좋지 않았다. 섬 전체를 가득 채우고 있는 커다랗고 밋밋한 바위, 압생트로 우거져 있는 덤불과 우향 나무의 숲, 그리고 여기저기 진흙 속에 썩어 가고 있는 나뭇가지가 있을 뿐이었다. 그러나 절반밖에 남지 않은 갑판과, 또 파도가 엄습하는 낡은 선실보다는 바위틈이 훨씬 나았으므로 모두들 만족해했다.

뭍으로 오르자 수부들이 불을 피우기 시작했고, 그 사이에 선장은 나를 불러 섬 끄트머리 쪽 안개에 싸여 있는 흰 돌 울타리를 가리키면서 이렇게 말했다.

"묘지에라도 가보겠습니까?"

"묘지라구요? 리오네치 선장, 이곳은 어디죠?"

"라벳찌 군도올시다. 게다가 이곳에는 육백 명의 무덤이 있지요. 세미얀트 호라고, 십 년 전에 이 근처에서 이 전함이 난파를 당했어요. 안타깝게도, 이젠 무덤을 찾는 사람도 거의 없지요. 이곳까지 온 김에 잠시 참배나 하러 가십시다."

"네, 좋습니다. 그렇게 하지요."

세미얀트 호의 묘지는 정말 너무나도 슬픈 곳이었다. 지금도 눈에 어른거리는 것만 같다. 작고 낮은 울타리, 잔뜩 녹이 슬어 열기조차 힘든 쇠문, 적막한 기도실, 잡초에 파묻힌 수백의 검은 십자가……. 그곳엔 꽃다발도, 기념품 하나도 없었다. 아아, 돌보는 이 없는 가엾은 주검들이여! 그대들의 무덤 밑은 얼마나 차갑고 적막할 것인가!

  우리는 그곳에서 잠시 무릎을 꿇었다. 선장은 소리 내어 기도를 했고, 유일한 묘지기인 커다란 갈매기가 우리 두 사람의 머리 위를 날면서 목쉰 소리로 울어댔다. 기도가 끝나자 우리는 말없이 배를 대어둔 섬 끄트머리 쪽으로 돌아왔다.

  우리가 잠시 자리를 비운 사이에도 수부들은 결코 헛되이 시간을 보내지 않았다. 바위 그늘에서는 불길이 그 뜨거운 열기를 내뿜고 있었고, 불 위에 걸어놓은 냄비에서는 뭔가 끓고 있는지 김이 무럭무럭 오르고 있었다. 우리는 둥글게 모여 앉아 발을 불 쪽으로 내밀었다. 이윽고 한 사람씩 무릎 위에 빨간 사기그릇을 받았다. 소스를 잔뜩 묻힌 빵 두 조각씩이 돌려졌다.

  모두들 젖은 옷에 잔뜩 허기져 있었고, 게다가 무덤 근처여서인지 식사는 조용한 가운데 끝났다. 그릇을 비우자 수부들은 파이프에 불을 붙이고서 나직하게 대화를 나누기 시작했다. 이야깃거리는 당연히 세미얀트 호에 대한 것으로 이어졌다.

"침몰이라니, 어째서 그런 일이 일어난 건가요?"

두 손으로 머리를 감싸고 생각에 잠겨 불을 바라보고 있는 선장에게 내가 물었다. 리오네치 선장이 한숨을 내쉬고는 이렇게 대답했다.

"안타깝게도, 이 세상에서 그것을 설명할 수 있는 사람은 없을 겁니다. 내가 알고 있는 사실은 세미얀트 호가 크리미아로 가는 군대를 싣고서 전날 밤 악천후를 무릅쓰고 쓰롱을 출발했다는 사실뿐입니다. 밤이 깊어 갈수록 바다는 사나워져만 갔고, 거칠어진 바다에 몰아치는 비바람은 정말이지 상상을 뛰어넘는 것이었습니다. 아침이 되자 바람은 좀 잦아들었지만 바다는 여전히 미쳐 날뛰었고, 게다가 지척을 분간하기 힘든 안개가 끼었습니다. 얼마나 짙은 안개였던지 서너 걸음 앞도 분간할 수 없을 정도였습니다. 어떻든 간에 세미얀트 호는 그날 아침 키를 잃었을 게 분명합니다. 제아무리 심한 안개라도 선체가 파손되기 전에야 함장이 뭣 때문에 이곳으로 올라왔겠습니까? 바다에서 잔뼈가 굵은 소문난 야전군 실력자인데다가, 삼 년 동안이나 코르시카 정박소를 지휘한 베테랑인 그는 이 일대 해안에 대해서는 눈을 감고도 뱃길을 오가는 실력자였는데…….”

“그럼 세미얀트는 언제 당한 것일까요?”

“정오쯤이었을걸요. 그렇죠, 정오쯤. 안개 때문에 한낮인데도 늑대 아가리 속 같은 어둠이 계속되었습니다. 해안의 어떤 세관원의 얘기를 들어 보면, 그날 열한 시 반경 바람으로 활짝 열린 문을 닫으러 바깥으로 나오려는데, 바람이 세차게 불어와 모자를 날려 버려서 몸이 날아갈 것만 같았답니다. 그래서 겨우 몸을 움직여 모자를 주워왔다고 하더군요. 아시다시피 세관원은 부자가 못 됩니다. 모자 하나쯤이라지만 그들에게는 비싼 물건이지요. 모자를 집어 든 이 사내가 문득 고개를 들자, 바로 가까이에 돛을 단 큰 배가 안개 속에서 라벳찌 군도 쪽으로 바람에 떠내려가는 것 같았다는 겁니다. 짙은 안개에다가 배도 워낙 쏜살같이 밀려갔기 때문에 그는 자세히 볼 틈이 없었던 겁니다. 그렇지만 아무리 생각해 봐도 그건 분명 세미얀트 호였어요. 그도 그럴 것이 반 시간쯤 지나 섬의 양치기가 이 바위 위에……. 아, 마침 그 양치기가 왔군요. 그에게서 직접 얘기를 들어봅시다. 안녕, 바롬보.

이리 와서 불을 쬐라구."

　두건과 비옷을 걸친 사내 하나가 겁먹은 듯 우리들 곁으로 다가왔다. 나는 조금 전부터 이 사내가 불 주위를 서성이고 있는 것을 보고 있었다. 하지만 이런 섬에 양치기가 있으리라고는 생각되지 않았으므로 그저 승무원 가운데 한 사람이라 생각하고 있었다. 그는 늙은 나병환자로 백치에 가까웠으며, 괴혈병에라도 걸렸는지 불어 터진 두꺼운 입술이 보기에도 끔찍했다.

　사람들은 간신히 그에게 우리가 하던 이야기를 설명했다. 그러자 사내도 터진 입술을 손가락으로 들어 올리면서 실제로 그날 정오쯤에 움막 바위께에서 무엇이 부서지는 듯한 소리를 들었노라고 대답했다. 섬이 완전히 물난리가 나 있어 그때는 감히 밖으로 나갈 생각조차 못했고, 이튿날 문을 열어 보니 바닷가에 배의 파편과 널브러진 시체가 가득했다고 말했다. 겁을 집어먹은 그는 사람들을 부르러 보니파시오로 황급히 달려갔다고 했다.

　이렇게 긴 이야기를 마친 양치기는 지쳐 자리에 앉았다. 그러자 선장이 또다시 말했다.

　"그래요, 우리에게 제일 처음 소식을 알려온 사람이 바로 이 가엾은 양치기 노인이었죠. 너무나도 겁먹은 나머지 거의 제정신이 아니었어요. 그리고 그 뒤로 이 사람 정신도 이상해졌지요. 하기야 당연한 일인지도 몰라요. 부서진 파편이며 육백 명이나 되는 시체가 널브러진 끔찍한 광경을 혼자서 발견했으니 말입니다……. 가엾은 세미얀트 호! 바다는 그 배를 단방에 부수어 버리고 만 것입니다. 어찌나 산산이 부서졌는지, 그 파편 속에서 양치기 바롬보가 자기 집 움막의 울타리 재료를 찾아냈을 정도였으니까요. 죽어 있는 사람들 역시 거의 누군지 알아보지 못할 만큼 상해 있었고, 손발이 무참히 잘린 주검들도 즐비했지요. 제복을 차려 입은 함장, 목에 깃 장식을 하고 있는 성직자, 그리고 한구석 바위틈에는 젊은 선원이 눈을 크게 뜨고 있었죠. 살아 있는 게 아닐까 생각될 정도였지만 천만에, 살아남은 사람 하나 없는 몰사였습니다."

여기서 선장은 잠시 이야기를 끊고 말했다.

"이봐, 나르지! 불이 꺼져 가고 있어."

화들짝 놀란 나르지가 숯불 위에 송진이 잔뜩 묻은 판자 몇 장을 던져 넣었다. 잠시 후 불길이 다시 일자 리오네치 선장이 이야기를 이어 갔다.

"이 이야기 가운데 가장 비참한 대목은 이겁니다. 이 재난이 있기 삼 주일 전 세미얀트 호처럼 크리미아로 떠난 작은 군함 한 척이 거의 똑같은 자리에서 난파됐지요. 딱하게도 병사들은 육지와는 달리 바다에 대해선 영 무지했지요. 다행히 그때는 우리가 곧바로 달려가 선원과 병사들 이십여 명을 살려낼 수 있었습니다. 우리는 그들을 보니파시오로 데리고 와서 이틀 동안 수부방에 재웠지요. 옷이 마르고 기운이 나자 그들은 이내 고맙다, 잘 있으라는 인사와 함께 쓰롱으로 돌아갔어요. 그러고는 보름 만에 또다시 크리미아로 가는 배에 태워졌지요. 그 배가 바로 세미얀트 호였다는 겁니다. 우리는 그들 스무 명 모두를 이곳에서 시체로 찾아냈어요……. 나는 멋들어진 수염을 하고 있는 하사를 안아 일으켰습니다. 금발의 파리 사람으로, 우리 집에 묵게 했었는데 이틀 동안이었지만 그는 재미있는 얘기로 우리를 웃겼지요. 그 친구를 여기서 찾아냈을 땐 정말 마음이 미어지는 것 같았습니다. 아아, 산타, 마드레……."

여기까지 이야기를 마친 리오네치 선장은 감정이 북받친 듯 파이프의 재를 털고는 내게 편히 쉬라며 인사를 하고는 외투를 감고 잠을 청했다. 그러고도 한동안을 수부들은 낮은 소리로 이야기를 나누었다. 이윽고 파이프의 불빛이 하나 둘 없어졌고, 이야기 소리도 들리지 않았다.

양치기 노인도 이미 자리를 뜬 지 오래였다.

수부들이 자고 있는 틈에서 나는 혼자 일어나 공상에 잠기기 시작했다. 나는 속으로 해안의 갈매기만이 목격했을 이 가슴 아픈 난파선과 단말마의 비명을 남기고 죽어간 사람들의 이야기를 재구성해 보려 했다.

제복을 입은 함장, 깃 장식을 한 성직자, 그리고 이십여 명의 병사라는, 나의 마음을 흔든 몇 가지 소설적 소재들이 이 비극의 최후의 순간을 추정하여 재구성하는데 그나마 도움이 되었다.

나는 칠흑 같은 밤을 뚫고 쓰롱을 떠났던 군함을 떠올렸다. 배가 항구를 나선다. 바다는 거칠고 바람은 강하다. 하지만 관록을 자랑하는 함장이 있어 병사들은 모두들 안심할 수 있다. 아침이 되자 자욱하게 안개가 끼기 시작했고, 승무원들은 불안에 휩싸이기 시작한다. 승무원은 모두 갑판에 있고 함장은 상갑판 조종실을 떠나지 않는다.

병사들이 있는 어두운 중갑판은 무겁고 답답한 공기로 꽉 차 있고 어떤 병사는 병으로 몸져누워 있기도 했다. 배가 무섭게 앞뒤로 흔들린다. 서 있을 수조차 없는 큰 파도가 배를 덮친다. 사람들은 여기저기 한데 모여 고함을

지르듯 이야기를 나누고 있다. 소리를 지르지 않으면 들리지 않는다. 곧이어 겁을 잔뜩 집어먹은 병사도 한둘씩 나온다. '다들 들어봐, 이 근처 해안은 난파 사건이 자주 일어난대. 자네들도 다들 알고 있지?' 병사들이 모여서 한다는 이야기는 도무지 언짢기 짝이 없는 것들뿐이다. 특히 하사는 허풍쟁이 파리 사람으로, 늘 농담 섞인 말로 병사들에게 겁을 주고 있다.

"난파선? 난파? 그건 퍽이나 재미있는 경험이지. 잠시 동안 얼음물 속에 빠져 허우적거리다 보면 곧 구조되고, 우리는 보니파시오로 옮겨져서는 따뜻한 리오네치 선장 집에서 닭고기를 뜯게 된다, 이렇게 된단 말씀이야."

병사들 속에서 와아, 하고 웃음이 일어난다. 그러고는 갑자기 뿌지직 하고 뭔가가 부러지는 소리……

"뭐야? 이게 무슨 소린데?"

"키가 날아가 버렸어."

물에 젖은 수부가 중갑판으로 달려 들어오면서 말한다.

"그래? 키 나리 양반, 안녕!"

농담에 열중한 하사가 이렇게 소리친다. 하지만 이번엔 아무도 웃지 않는다. 이미 갑판에서는 야단법석이다. 짙은 안개로 서로의 얼굴도 안 보일 지경이다. 잔뜩 겁을 먹은 수부들이 우왕좌왕한다. 키는 부러져 날아갔고, 이제 배를 조종하기란 불가능한 것이 되고 만다. 세미얀트 호는 항로를 벗어나 무서운 속도로 바람처럼 질주한다. 세관원이 배 지나가는 것을 목격한 것이 바로 이때다. 시간은 열한 시 반, 뱃머리에서 대포 쏘는 것 같은 소리가 울린다.

"암초다! 암초! ……."

이제는 만사 끝장이다! 배는 곧장 기슭으로 향한다. 선장은 선실로 내려간다. 잠시 후 다시금 상갑판 위의 자기 정 위치로 돌아온다. 함장 제복으로 성장을 하고서 최후의 순간을 장식하고 싶은 것이다. 불안에 빠진 병사들이 중갑판 안에서 말없이 서로의 얼굴을 바라보고 있다. 몸져누워 있던 환자도 자리에서 일어나 앉으려고 애를 쓴다. 젊은 파리 사람인 하사의 얼굴에서도 이제는 웃음을 찾아볼 수 없다. 그때 문이 열리고 사제가 깃 장식을 달고 나타난다.

"여러분, 모두 무릎을 꿇고 기도를 올립시다!"

그들 모두는 사제가 시키는 대로 따라한다.

사제는 낭랑하게 울리는 목소리로 마지막 기도를 시작한다. 느닷없는 격동, 두려움, 그리고 아비규환……. 비명

소리와 함께 서로의 손을 굳게 잡은 병사들. 그들의 떨리는 눈 속으로 죽음의 그림자가 번갯불처럼 파고든다.

아아! 가여운 세미얀트 호여! …….

이렇게 나는 선체의 잔해에 둘러싸여, 십 년이란 긴 세월 속에 묻힌 가엾은 군함의 마지막 모습을 공상하며 하룻밤을 꼬박 새웠다. 해협을 뒤흔드는 폭풍우는 그때까지도 미쳐 날뛰고 있었다. 야영지에 지펴 놓은 불길만이 사나운 바람에 나부끼고 있었다. 나는 우리가 타고 온 배를 묶어 놓은 닻줄이 바람에 흔들리며 바위 밑에서 춤을 추는 소리를 망연히 듣고 있었다.

# 황금 두뇌를 가진 사나이

부인, 편지를 받아보고 어쩐지 미안한 생각이 들었습니다. 지난번 제가 써 보냈던 편지의 내용이 지나치게 우울하고 어두운 탓에 부인의 마음을 슬프게 해드린 것 같군요. 그래서 오늘은 무언가 유쾌한 것, 그것도 아주 배꼽이 떨어질 만큼 즐거운 이야기를 해보리라 굳게 마음먹었습니다.

탬버린 소리와 포도주가 넘쳐나는 양지바른 언덕, 파리의 그 우울한 안개로부터 천 리나 떨어져서 살고 있는 내게 그 무슨 슬픈 일이 있을 수 있겠습니까? 내가 살고 있는 풍찻간을 둘러싸고 있는 것은 밝은 햇살과 노랫소리뿐입니다. 방울새와 곤줄박이의 합창 소리, 아침 햇살과 함

께 쿠르리, 쿠르리! 하고 들려오는 도요새의 울음소리, 낮에는 매미, 그리고 피리를 부는 양치기, 포도밭에서 웃고 재잘거리는 밤빛 머리의 아름다운 처녀들……. 정말이지 이곳은 슬픈 생각에 잠길 틈이 없는 그런 곳입니다. 그래서 나는 부인께 장밋빛으로 가득한 시와 노래, 그리고 몇 광주리에 담아도 넘쳐흐를 이곳에서의 사랑 이야기를 보내드려야겠다고 생각했습니다.

그런데 저는 그렇게 하지 못합니다. 아직도 파리와 너무나 가깝게 있기 때문입니다. 이 편지를 쓰고 있는 지금도 가엾은 소설가 샤를르 바르바라의 비참한 부고를 받고 있는 것을 보면, 아직도 파리와 무관할 수 없다는 제 얘기가 이해되리라 생각합니다. 그의 죽음으로 저의 풍찻간은 요 며칠 새 완전히 상갓집 분위기에 쌓여 있습니다. 매미여, 도요새여, 안녕! 도무지 밝은 분위기를 만들 수 없기에 새들의 지저귐과도 안녕을 고했습니다. 그런 만큼 부인, 오늘은 재미있고 유쾌한 이야깃거리를 정하고 싶었지만, 결국은 역시 슬픈 이야기가 되고 말 것 같습니다.

옛날 황금으로 된 두뇌를 가진 사나이가 있었습니다. 그렇습니다. 부인, 완전히 황금 두뇌였습니다. 그가 태어났을 때 의사들은 입을 모아 아이가 자라지 못할 것이라고 말했답니다. 그렇게 그의 두개골은 남들의 몇 배나 컸던 것입니다.

그런데도 아이는 아무 탈 없이 찬란한 햇살을 받고 자라나는 아름다운 올리브 나무처럼 커 갔습니다. 가끔씩 그 커다란 머리를 주체하지 못하고 집 안의 가구에 쿡쿡 부딪히면서 걸어 다니는 안쓰러운 모습을 빼놓는다면 말이죠.

아이는 곧잘 넘어지곤 했습니다. 어느 날인가는 층계에서 굴러떨어져 대리석 바닥에 머리를 세게 부딪혔지요. 골이 쪼개지는 것 같은 소리에 깜짝 놀란 부모가 아이에게 달려갔습니다. 숨이 끊어졌을지도 모른다는 생각으로 아이를 안아 일으키자 그의 머리에는 다만 한 군데 가벼운 상처가 났을 뿐이었고, 아이의 금발 안에는 황금 몇 알이 달라붙어 있었습니다. 이 일로 부모는 그 아이가 황금의 머리를 가지고 있다는 사실을 알게 된 것입니다.

이 사실은 비밀로 감추어졌고, 아이 자신도 그런 사실은 꿈에도 알지 못했습니다. 다만 이따금씩, 왜 전처럼 다른 아이들과 함께 뛰놀아서는 안 되느냐고 어머니에게 묻곤 했습니다.

"어린아이를 잡아가는 유괴범이 있단다. 그러니 밖에 나가 놀아서는 안 되는 거야. 알겠니, 우리 아가?"

어머니는 아이의 질문에 그렇게 대답해 주었습니다. 그 뒤로 아이는 유괴범이 무서워 늘 집 안에서 혼자 놀게 되었고, 무거운 머리를 이고서 이 방 저 방을 오가며 지내게 되었습니다.

아이가 열여덟 살이 되자 부모는 비로소 하늘이 주신 무서운 선물을 그에게 밝혔습니다. 그러고는 이제까지 키우느라 수고가 이만저만이 아니었으니 그 보답으로 황금을 좀 떼어 받고 싶다고 말하게 되었습니다.

부모의 부탁을 받은 아이는 망설임도 주저함도 없이, 어떻게 그럴 수 있었는지 밝혀지지는 않았지만, 어쨌든 당장에 자신의 두개골에서 호두알만 한 크기의 금덩어리를 떼어 어머니의 무릎 위에다 올려놓았습니다.

그리고 자기 머릿속에 보물이 있다는 사실에 취해 버린 황금 두뇌 사나이는 부모의 집을 뒤로하고 정처 없이 보물을 낭비하러 집을 떠나고 말았습니다.

아까운 줄 모르고 흥청망청 돈을 뿌리는 왕자 같은 그의 생활은, 마치 머리에 무진장한 금을 가지고 있는 것이 아닐까 하고 생각될 정도였습니다. 하지만 사실 금은 줄어들고 있었던 것입니다. 그의 눈빛은 차츰 꺼져 갔고 뺨도 야위어 갔습니다. 마침내 광란스런 향락의 밤을 보낸 다음날 아침, 전날 마신 술에 머리가 멍한 채 꺼져 가는 촛불 속에 홀로 남겨졌다는 사실을 깨달은 가엾은 사나이는 자기의 머리에 커다란 구멍이 뚫려 있는 것을 발견하고는 흠칫 놀랐습니다. 그동안 정신없이 누리기만 했던 방탕한 생활도 이제는 단념해야 할 때가 왔다고 느끼게 된 것입니다.

그 후로 그의 생활 태도는 완전히 바뀌었습니다. 자기의 힘과 노력으로 세상을 살기 위해 그는 이전에 어울려 다녔던 사람들과는 더 이상 함께 하지 않았습니다. 구두쇠처럼 사람들을 의심하고 소심증에 사로잡혀 모든 유혹을 멀리하는 한편, 다시는 황금을 꺼내 쓰지 않으리라는 다짐으로 보물에 대한 생각을 잊으려고 노력했습니다.

그런데 가엾게도, 어떤 몹쓸 친구 하나가 혼자 지내고 있는 그의 집을 찾아왔습니다. 머리에 황금이 들어 있다는 그의 비밀을 알고 있던 친구였습니다. 어느 날 밤 사나이는 깨지는 듯한 심한 두통에 놀라 잠을 깼습니다. 자리에서 일어나 가까스로 정신을 차린 그는 친구가 무엇인가를 외투에 싸안고서 몰래 집을 나가고 있는 것을 발견했습니다. 또다시 머릿속의 것이 없어져 버린 것입니다.

그리고 얼마 지나지 않아 황금 두뇌의 사나이는 눈부

신 사랑을 만나게 되었습니다. 이번에야말로 모든 것이 끝장이었습니다. 그는 진심으로 금발의 소녀를 사랑했지만 그녀가 사랑한 것은 사나이가 사주는 화려한 리본, 뾰족하고 굽 높은 신발, 예쁜 옷 따위였습니다.

예쁜 새 같기도 하고 인형 같기도 한 귀여운 소녀의 손을 통해 돈은 무진장 사라져 갔습니다. 소녀의 온갖 투정과 별의별 요구에도 사나이는 감히 싫다고 할 수 없었습니다. 게다가 그는 소녀의 마음을 빼앗기지 않으려고 마지막까지도 그 황금의 슬픈 비밀을 숨기고 있었습니다.

"우린 큰 부자죠?"

그녀가 이렇게 말하면 가엾은 사나이는 이렇게 대답했습니다.

"암, 그렇고말고. 굉장한 부자지, 그럼……."

이렇게 사나이는 아무것도 모른 채 자신의 두개골을 쪼아 먹고 있는 사랑의 파랑새에게 매번 애정을 담뿍 담은 상냥한 미소를 보였습니다. 하지만 간혹은 겁이 더럭 나기도 해서 절약을 해야겠다고 생각하기도 했지만, 그럴 때마다 소녀가 뛰어와서 보챘습니다.

"당신 부자죠? 뭔가 비싼 걸 사줘요."

그러면 그는 번번이 무언가 비싼 것을 소녀에게 사주어

야 했습니다. 이런 생활은 무려 이 년간 계속되었고, 어느 날 아침 소녀는 거짓말처럼 죽어 버렸습니다.

이미 머리의 황금은 바닥이 드러나 보였지만, 금쪽같은 아내를 잃은 사나이는 사랑하는 여자를 위해 마지막일지도 모르는 황금을 떼어 성대한 장례식을 준비했습니다. 딸랑딸랑 울려 퍼지는 슬픈 종소리, 두터운 검은 천으로 덮인 장중한 운구 마차, 날개 장식을 한 말, 아무리 아름다운 장식이었어도 사나이의 눈에 차는 것은 하나도 없었습니다. 이제 와서 사나이에게 돈 따위가 무슨 소용이겠습니까? 그는 남은 황금을 교회에도, 관을 짊어진 인부에게도 아낌없이 뿌렸습니다. 그래서 장례식을 끝낸 사나이의 두개골 안쪽에는 황금이 얼마 남지 않았습니다.

이윽고 사람들은 그가 두 손을 내밀고 취한 사람처럼 비틀거리면서 거리를 걸어 다니는 것을 보았습니다. 그날 저녁 상점의 쇼윈도에 불이 켜지기 시작할 무렵, 사나이는 커다란 진열장 앞에 멈추어 섰습니다. 진열장 안에 가득 펼쳐진 비단옷, 장식품이 환하게 빛나고 있었습니다. 그는 오랫동안 그 앞에 멈추어 서서 백조의 날개로 가장자리를 장식한 구두를 들여다보았습니다.

"그 사람한테 이 구두를 사주면 아마 굉장히 기뻐할

거야."

그는 이렇게 혼잣말을 하면서 미소 지었습니다. 그러고
는 소녀가 죽었다는 사실도 잊은 채 구두를 사기 위해 가
게 안으로 들어갔습니다.

가게 안에 있던 여주인이 커다란 비명을 듣고 달려와
보니 남자 하나가 계산대에 기대서서 고통스러운 표정으
로 자기를 보고 있었습니다. 놀란 여주인은 그만 뒷걸음
질을 쳤습니다. 한쪽 손에 백조의 날개가 달린 구두를 들
고, 피투성이가 된 또 한쪽에는 손가락 끝에 금 조각을
묻힌 채 사나이가 손을 내밀고 있었기 때문이었습니다.

부인, 이것이 황금 두뇌를 가진 사나이의 이야기입니
다. 꿈같은 얘기처럼 생각될지 모르지만, 이 이야기는 하
나에서 열까지 모두가 사실이랍니다.

세상에는 머리를 써서 일하는 것을 강요당하다 못해,
자기 인생에서 가장 하찮은 것 때문에 인생의 순금, 곧 자
신의 모든 것을 내놓게 되는 딱한 사람들이 있습니다. 그
들에게는 그 하찮은 것 하나하나가 삶의 고통이요, 아픔
입니다. 그럼에도 불구하고 그 고통에 자기를 내주기 시
작하면 결코 헤어날 수 없게 된다는 사실을 알려 주는 이
야기인 것입니다.

# 큐큐냥의 사제

해마다 성모제 때가 되면 프로방스의 시민들은 남 프랑스의 옛 수도인 아비뇽에서 아름다운 시와 기막힌 이야기가 잔뜩 실려 있는 작은 책자를 발행합니다.

금년 것이 방금 내게 도착했습니다. 그 안에 좋은 이야기가 하나 있기에 내용을 간추려 이야기해 보려고 합니다. 파리 시민 여러분, 모두들 이야기 광주리를 앞으로 내미십시오. 지금 드리고자 하는 것은 프로방스의 최고 등급의 밀가루입니다.

마르땡 신부는 큐큐냥 지방의 사제였다. 빵처럼 부드럽고 황금처럼 빛나는 훌륭한 성격을 가진 사람으로, 큐큐

96

냥 사람들을 친자식처럼 사랑하는 성직자였다. 이곳 사람들이 조금이라도 신부님께 만족을 주었다면 큐큐냥은 그에게 지상의 낙원으로 여겨졌을 것이다.

그런데 안타깝게도 성당의 고해실에는 거미줄만 쳐져 있었고, 기쁨에 들떠 있어야 할 부활절에도 주님의 몸인 성체를 담은 성합에는 밀빵이 그대로 남아 있었다. 사람 좋은 마르땡 신부는 그런 사실에 늘 마음 아파했고, '이곳저곳으로 흩어진 양떼를 주님의 울 안으로 데리고 돌아올 때까지 부디 그들의 생명이 끊기지 않도록 하여 주소서 ……' 하고 늘 하나님께 기도를 드리곤 했다. 그래서 하나님께서는 신부의 간절한 소원을 그대로 들어 주었다.

어느 일요일 미사 시간이었다. 복음 낭독을 끝낸 마르땡이 설교대로 올라섰다. 그리고 사람들을 향해 이렇게 설교를 시작했다.

"여러분, 부디 제가 드리는 이 이야기를 믿어 주십시오. 죄 많은 저는 지난밤 천국 입구에 서 있었습니다. 커다랗고 육중한 천국 문을 두드리자 저를 맞아 주신 분은 다름 아닌 베드로 성인이셨습니다."

"오, 이런! 마르땡 신부님 아니신가? 어쩐 일로 여기까지. 그래 무슨 용건이신가?"

"베드로 성인님, 당신은 천국 명부와 열쇠를 가지고 계십니다. 큐큐냥 사람들이 몇 명이나 천국에 있는지 가르쳐 주실 수 없겠습니까? 큰 방해가 되지 않는다면 좀 부탁드리겠습니다."

"우리 신부님 부탁인데 군이 거절할 필요가 있나? 마르땡 신부, 어쨌든 자리에 앉으시오. 함께 찾아보십시다."

베드로 성인은 커다란 책을 가지고 오시더니 곧 펼치면서 안경을 끼셨습니다.

"어디 찾아…… 보십시다. 큐큐냥이었지요? 큐…… 큐…… 어디 보자, 큐큐냥이라……, 아, 여기 있군. 큐큐냥. 마르땡 신부, 그런데 마을 이름만 있고 사람들 이름은 하나도 없구먼. 한 사람도 없는 걸. 칠면조에 생선뼈가 하나도 없는 것처럼 큐큐냥 사람은 한 사람도 없어요."

"뭐라고요? 큐큐냥 사람은 단 한 사람도 없단 말씀이십니까? 아무도? 그럴 리가 있나요? 다시 한 번 자세히 보십시오."

"하나도 없다니까. 농담 아닐세. 정 그렇다면 자네가 직접 찾아보게."

정말 한심스러워서 저는 두 손을 마주 잡고 발을 구르며 '오, 자비를 베푸소서!' 하고 외쳤습니다. 그러자 베드로 성인이 이렇게 말씀하셨습니다.

"내 말을 믿으시오, 마르땡 신부. 그렇게 상심하다가 쓰러지기라도 하면 어쩌려고……. 아무튼 마르땡의 잘못은 아니잖소. 큐큐냥 사람들은 아무래도 연옥에서 잠시 몸을 깨끗이 하고 있나 보오."

"아아, 성인님, 그렇다면 그들을 만나서 위로라도 할 수 있도록 해주십시오."

"알겠어요. 그럼 이 신발부터 신으시구려. 길이 좋지 않으니까. 그럼 이 길로 곧장 가시오. 한참을 가다 보면 길이 끝나면서 구부러지는 모퉁이가 나올 거고, 계속해서 길을 따라가다 보면 길 오른쪽에 검은 십자가를 잔뜩 박아 놓은 은으로 된 문이 보일게요. 문을 두드리면 누군가 열어줄 거요. 그럼 잘 가요. 몸조심하고……."

저는 베드로 성인께서 일러주신 대로 길을 걸었습니다. 그의 말대로 어찌나 길이 험하던지 지금 생각해도 소름이 끼칠 정도였습니다. 가시덩굴 무성한 숲을 헤치다 보면 집채만 한 바위가 앞을 가로막고, 뱀까지 우글거리는 오솔길을 나는 하염없이 걸어갔습니다.

"탕, 탕!"

"누구세요?"

이렇게 쉰 듯하면서도 구슬프게 들리는 목소리가 안에서 물어왔습니다.

"큐큐냥의 사제 마르땡입니다"

"어…… 디……?"

"큐큐냥요!"

"아, 그래요? 들어오시지요."

저는 안으로 들어갔습니다. 밤처럼 어두운 날개를 달고, 대낮처럼 빛나는 옷을 걸친 키 크고 아름다운 천사가 저를 맞아 주었습니다. 허리띠에 금강석으로 만든 열쇠를 단 그는 베드로 성인이 가지고 있던 것보다 훨씬 더 큰 책 안에 무엇인가를 한참 적어 내려가던 참이었습니다.

"여긴 무슨 일로 오셨나요?"

"천사님, 이런 질문은 좀 그렇지만 이곳에 큐큐냥 마을 사람들이 있는지 해서 왔습니다. 알아볼 수 있겠습니까?"

"어디요?"

"큐큐냥 사람들 말입니다. 제가 바로 그곳 사제인데요……."

"아아, 마르땡 신부님이시로군."

"그렇습니다, 천사님."

"큐큐냥이라고 하셨죠?"

천사가 커다란 책을 펼쳤고, 손가락에 침을 묻혀 가며 책장을 넘겼습니다.

"큐큐냥이라……."

한참을 찾던 천사가 이윽고 한숨을 푹 쉬며 제게 대답했습니다.

"마르땡 신부님, 이 연옥에는 큐큐냥 사람이 하나도 없군요."

"예수님! 마리아님! 성 요셉! 연옥에도 큐큐냥 사람들은 하나도 없단 말씀입니까? 그럼 어디에 있나요?"

"허허, 신부님, 그야 당연히 천국이겠지요. 어디 있기를 바란단 말입니까?"

"하지만 저는 방금 그곳에서 오는 길입니다"

"천국에서요? 그런데요?"

"그 사람들은 천국에 없었습니다. 아아, 마리아님!"

"그렇다면 도리 없는 일이지요. 천국에도, 연옥에도 없다면 그 중간이라는 것은 없으니까……."

"아아, 다윗의 아들 예수님! 그게 정말인가요? 베드로 성인이 거짓말을 한 것인지도 모릅니다. 하지만 닭이 우는 소리는 들리지 않았는데. 큰일 났군. 큐큐냥 사람들이 천국과 연옥에 없다면, 그들의 사제인 내가 어찌 그곳으로 돌아갈 수 있으랴. 아아!"

"마르땡 신부님, 어쨌든 내 말을 들어보세요. 당신은 세상없어도 그 일을 직접 확인하고 싶으신 모양인데, 그렇다면 이 길로 쭉 따라가 보셔요. 달릴 기력이 남아 있으면 달려가 보는 게 나을 겁니다. 왼쪽에 큰 현관을 보시거든 거기서 물어보세요. 하느님께서 늘 당신과 함께 해주실 겁니다. 그럼 가 보세요."

이렇게 말하고서 천사는 문을 닫았습니다.

빨갛게 달아오른 숯이 깔린 긴 길이었습니다. 저는 술이라도 마신 것처럼 비틀거리며 숯 사이를 간신히 비켜 앞으로 나아갔습니다. 한 걸음마다 넘어졌지요. 온몸에 땀을 마구 흘렸고, 타는 갈증에 신음이 절로 나왔습니다. 그런데 고맙게도 베드로 성인께서 빌려 주신 신발 덕택에 발을 데지 않았습니다. 발을 절름거리고 거듭 넘어지면서 나는 가까스로 왼쪽에 커다란 솥의 아가리처럼 열려져 있는 대문을 보았습니다.

아아, 이 얼마나 끔찍한 광경입니까!

그곳에서는 자기 이름이 누구 건 묻지를 않았습니다. 사람들의 이름을 적어 놓은 장부도 없었습니다. 사람들은 떼 지어 입구 가득히 줄 서 있었습니다. 여러분들이 일요일에 술집으로 들어가듯 말입니다.

나는 땀을 뚝뚝 흘리고 있었는데, 갑자기 몸이 떨려오고 소름이 끼쳤습니다. 머리카락이 쭈뼛하고 곤두섰지요. 뭔가 타는 냄새, 살이 타는 냄새, 대장장이 에로와가 말굽을 갈아 끼우느라 늙은 당나귀의 굽을 태울 때 큐큐냥 거리에 퍼지는 그런 냄새가 났습니다. 이 썩고 태우는 냄새 속에서 저는 숨이 막혔습니다. 무서운 괴성과 신음, 비명과 저주의 말들이 그 안에서 끊임없이 흘러나오고 있었습니다.

"이놈, 들어갈 거냐, 안 들어갈 거냐?!"

뿔이 난 악마가 갈퀴로 나를 찌르면서 물었습니다.

"저 말입니까? 저는 안 들어갑니다. 저는 주님의 친구니까요"

"하느님의 친구라고? 그것 참, 야, 이놈의 흰 거미 놈아, 그럼 대체 무엇 하러 여길 온 게야?"

"저는……. 아아, 이제 그런 무서운 말투로 내게 말하지 말아요. 여기까지 오느라 워낙 지쳐서 지금은 서 있을 수조차 없을 지경이니까요. 전 먼 곳에서부터 쉬지 않고 여기까지 온 겁니다. 꼭 물어봐야 할 말이 있어서……. 혹시

…… 혹시…… 이곳에 큐큐냥 사람들이 와 있습니까?"

"에이, 빌어먹을 놈 같으니! 시침 떼지 마라, 이놈아, 큐큐냥 놈들이 모두 여기 있는 걸 알고 있으면서 그 따위 소리를 하는 게냐? 소문난 큐큐냥 놈들이 여기서 어떤 꼴을 당하고 있는지 똑똑히 봐라!"

악마가 가리킨 곳은 무서운 불길의 소용돌이 속이었습니다. 거기서 본 사람은 여러분도 다들 잘 아시는 키 큰 코크 가린느, 늘 술에 취해서 가엾은 크레롱을 때리던 그 코크 가린느였습니다. 그리고 카타린네. 여러분도 다들 기억하실 테죠? 혼자 헛간 안에 누워 있던 사자코의 거렁뱅이 처녀 말입니다. 줄리앙 씨의 올리브로 자기 기름을 만들어 버린 빠스칼 선생, 이삭줍기인 베베, 남들보다 많이 주으려고 남들이 쌓아 놓은 짚더미 안에서 한 움큼씩 이삭 단을 뽑아내던 여자. 자기 수레바퀴에만 기름을 잔뜩 칠했던 크라파지 영감. 우물물을 비싸게 팔아넘기던 드피느. 내가 성체를 가지고 환자들 심방을 갈 때면 담뱃대를 물고 거만스럽게, 마치 개라도 만난 표정을 지으며 길을 걷던 절름발이 또르띠야 씨. 제트와 함께 있던 끌로재크, 삐에르, 토니……."

두려운 마음이 들었는지 새파랗게 질린 얼굴로 두근거리는 가슴을 쥐고 앉은 큐큐냥 사람들은 활활 타오르는 지옥 속에서 신음하는 자신들의 부모 형제와 마을 사람들을 떠올리며 저마다 한숨을 내쉬었다.

"여러분, 잘 들으셨을 테지요?"

마르땡 신부가 다음 말을 이었다.

"이런 일이 계속되어서는 안 될 것이란 사실을 여러분들도 충분히 느꼈을 거라 생각합니다. 저는 이 마을의 사제요, 여러분의 영혼을 책임지고 있는 사람입니다. 때문에 무슨 방법을 동원해서라도 거꾸로 골짜기에 곤두박질치려는 여러분을 기필코 구해내야 하는 것입니다. 당장 내일부터 실행에 옮기겠습니다. 이런 식으로. 그리고 만사 순조롭게 진행시키려면, 질서를 지켜야 합니다. 종키에르에서 춤을 추는 식대로 차례차례 해나갈 것입니다.

내일인 월요일에는 노인들의 고해성사를 하도록 하겠습니다. 고해성사는 결코 힘든 일이 아닙니다. 그리고 화요일은 아이들 순서입니다. 곧 끝날 테지요. 수요일은 총각과 처녀를 대상으로, 좀 오래 걸릴지도 모르겠습니다만 계획대로 해나가겠습니다. 목요일엔 남자, 일할 것이 많은 분들이니 일찍 끝내지요. 금요일에는 여자, 쓸데없는 이야기는 빼라고 말씀드리지요. 마지막으로 토요일에는 그 방앗간 주인! 이 한 사람을 위해 하루 종일을 보낸다 해도 조금도 긴 시간이 아닐 것입니다.

이렇게 해서 일 주일 동안 온 마을의 고해성사를 다 마치고 나면, 하느님의 은총 안에서 우리는 그 얼마나 큰 행복감을 맛보게 될까요? 여러분, 보리가 영글면 베야 합니다. 포도주는 마개를 뽑은 이상 다 마셔야 합니다. 때가 잔뜩 묻은 속옷이 있으니 빨아야 합니다. 잘 빨지 않으면 안 됩니다. 주의 자비가 있으시기를. 아멘!"

신부의 설교는 그대로 행해졌다. 마침내 온 마을에 영혼의 세탁이 이루어진 것이다. 이 잊을 수 없는 주일의 설교 이래로 큐큐냥 마을 사람들의 높은 덕행은 인근의 십리 사방으로까지 퍼져 나갔다.

행복하고 기쁨에 넘친 선량한 마르땡 신부는 간밤에 이런 꿈을 꾼 것이다. 그 꿈속에서 신자들을 거느린 마르땡 신부는 눈부신 행렬을 지으며, 밝은 빛을 내는 큰 초와 유향 연기와 감사의 성가를 합창하는 아이들에 둘러싸여 하늘 궁전을 향해 빛나는 길을 올라가고 있었다.

이것이 큐큐냥의 사제 이야기입니다.

다른 친한 친구에게서 들은 루마니아 출신의 한 떠돌이가 많은 사람들에게 들려주라고 내게 부탁한 이야기입니다.

# 노인

"내게 편지가 왔나, 아쟝 영감?"

"네에, 파리에서 왔습지요."

사람 좋은 아쟝 영감은 파리에서 편지가 왔다는 사실만으로도 기분이 좋은 듯했다. 하지만 나는 달랐다. 이른 아침 느닷없이 날아든 쟝 쟈크가로부터의 이 편지가 혹시나 나의 하루를 모조리 망쳐 버리지나 않을까 하는 노파심 때문이었다. 과연 나의 짐작은 틀리지 않았다. 어쨌든 편지를 뜯어보고, 내용인즉 다음과 같았다.

자네에게 한 가지 일을 부탁하겠네. 하루 동안 집을 비울 작정을 하고 에이기에르에 가주지 않겠나? 에이기

110

에르는 자네가 있는 곳에서 삼사십 리쯤 떨어진 시골 마을이니까 산책 삼아 다녀올 수 있을 걸세.

그곳에 닿거든 고아 수도원을 찾게. 수도원 바로 다음 건물이지. 지붕이 낮고 대문은 회색빛에 뒤쪽에 작은 뜰이 있네. 그곳을 찾게 되거든 노크 따위도 하지 말고 그냥 안으로 들어가게. 문은 언제나 열려 있어. 안으로 들어가거든 큰소리로 '여러분 안녕하십니까? 저는 모리스의 친구입니다.'라고 소리쳐 주게나.

그러면 키 작은 노인들, 대단히 늙은 노인 두 사람이 커다란 팔걸이 의자 안쪽에서 두 팔을 내밀 거야. 자네는 내 대신 친할아버지, 할머니를 대하듯 진심으로 그들을 포옹해 주게나. 그리고는 이야기를 시작하게. 그들은 나에 대한 얘기만 입에 담을 거야. 하찮은 이야기만 할 테지만, 웃지 말고 들어 주게. 절대 웃지 말고. 알겠나?

이 두 사람은 내 할아버지 내외분으로, 내가 있음으로 해서 살아 있는 분들이지. 게다가 거의 십 년 동안이나 서로 만나지 못하고 있지 뭔가. 십 년이라는 세월은 꽤나 긴 시간이지 않나. 그렇지만 도리가 없어. 파리가 나를 놓아 주지를 않고, 저쪽은 워낙 고령들이라 나를 만나러 오다가는 도중에서 뼈가 부스러질지도 몰라.

다행히 자네가 가까이에서 살고 있으니, 이보게 방앗간 주인 양반, 가여운 노인들을 위해 한 번 방문해 주게나. 두 분은 자네를 끌어안고 얼마간은 나를 보는 심정을 느낄 수 있지 않겠나. 안 그래도 두 분께는 내가 미리 자네 이야기를 해놓았네. 우리 두 사람의 관계, 그리고 따뜻한 우리의 우정을……

우정치고는 정말이지 고약하기 짝이 없는 우정이다. 자기 대신 조부모를 찾아뵙고 안부 인사를 해달라니! 그날은 아침만 해도 기막히게 좋은 날씨였지만, 시간이 지나자 바람이 심하게 불기 시작했고, 아무튼 외출을 하기에는 적당치 않았다. 프로방스 지방의 독특한 날씨는 그랬다.

이 황당한 편지가 도착했을 때 나는 이미 그날의 행복한 피난처로 두 개의 큰 바위 사이에 자리를 골라, 소나무 바람에 귀를 기울이고, 도마뱀처럼 볕을 쪼이며 하루를 보내야겠다고 마음먹고 있었다. 그러나 그런 편지를 받고서야 어쩔 도리가 없게 되었다. 볼멘소리로 연신 투덜대면서도 나는 어느덧 풍찻간 문을 잠그고 고양이가 지나가는 구멍에 열쇠를 넣고 있었다. 지팡이에, 파이프를 빼물고서 나는 서둘러 에이기에르로 길을 떠났다.

에이기에르에 닿은 것은 대강 두 시쯤 되어서였다. 모두들 밭에 나갔는지 마을은 고즈넉하기만 했고, 먼지가 하얗게 일고 있는 길가의 느릅나무에서는 론느 강 어귀의 끌로 들판 한복판에라도 온 것처럼 매미가 울고 있었다. 관청이 있는 앞 광장에는 나귀 한 마리가 한가로이 볕을 쪼이고 있었고, 성당 뜰의 샘 위에는 비둘기가 날고 있었지만, 내게 고아원을 가르쳐 주는 사람은 없었다.

그런데 느닷없이 한 이상한 여자가 눈앞에 나타났다. 어느 집인가의 대문가에 쪼그리고 앉아 실을 짜고 있었는데, 가까이 다가가서 찾는 곳을 묻자 어지간히 마력이 있는 여자인지 손을 힐끗 쳐든 것뿐이었는데, 놀랍게도 수도원이 눈앞에 솟아 있는 것이었다.

검은 빛깔의 음산한 큰 건물로, 고딕 양식의 대문을 하고 있었고, 그 위로는 라틴어 몇 글자를 새겨 넣은 빨간 사암으로 만든 해묵은 십자가가 세월의 정취를 한껏 풍기고 있었다. 그 집과 지붕을 나란히 하고 서 있는, 수도원에 비하면 훨씬 작은 집 한 채가 눈에 띄었다. 잿빛 대문과 뒤쪽으로 살짝 보이는 뜰, 그곳이 내가 찾던 고아원이라는 생각이 얼핏 들었다. 편지에서의 당부처럼 나는 노크도 하지 않고 안으로 들어갔다. 그 서늘하고 조용한 긴 복도, 장미색 벽, 밝은 빛을 통해 안쪽에 보이는 작은 정원, 동판마다에 새겨진 빛바랜 꽃과 바이올린의 문양은 워낙 특이한 것이기에 나는 아마도 평생 동안 그것들을 떠올릴 것이다. 17세기 소설가인 스텐느 시대의 어떤 늙은 대법관의 집에라도 온 것 같은 착각이 일기도 했다.

복도가 끝나는 곳 왼쪽으로 약간 열린 문 안에서 덩치 큰 추시계의 재깍재깍 하는 소리와 함께 한 음절 한 음절을 또박또박 읽어 내려가는 소리가 낭랑히 들려왔다. 작은 방의 조용함과 창을 통해 비쳐드는 햇빛에 두 뺨을 장밋빛으로 물들인, 손가락 끝까지 온통 깊은 주름이 잡힌,

사람 좋아 보이는 노인이 팔걸이 의자에 깊숙이 앉아 입을 벌리고, 두 손을 무릎에 가만히 얹은 채 잠들어 있었다. 그 발밑에는 덩치보다 훨씬 큰 파란 옷에 작은 모자를 쓴, 전형적인 고아원 복장을 하고 있는 소녀 하나가 제 몸보다 훨씬 큼지막해 보이는 『성자 이레네전』을 들고서 읽고 있었다.

이 영묘한 소녀의 낭랑한 목소리에 집 안의 모든 사물이 감응해 주고 있는 듯했다. 노인은 의자 깊숙이 몸을 의지해 자고, 파리들은 미동도 없이 천정에서, 카나리아

는 창 위 새장 안에서, 커다란 시계는 재깍재깍 코를 골면서. 방 안에서 잠들지 않은 것이라곤 닫힌 창문 틈으로 곧장 비쳐 들어오는 햇살과 먼지의 희고 넓은 띠, 그 속에서 살아 부유하는 반짝임, 그리고 작디작은 춤. 모든 것이 가수면 상태의 꿈을 꾸는 가운데 소녀는 낭랑한 목소리로 독서를 계속했다.

내가 방으로 들어선 것은 이때였다. 성자 이레네의 사자들이 방으로 뛰어들었다 하더라도 아마 내가 들어갔을 때만큼 놀라움을 불러일으키지는 않았을 것이다.

그야말로 무대는 급변했다. 소녀가 비명을 지른다. 큰 책이 바닥으로 떨어진다. 카나리아도, 파리들도 일시에 잠에서 깬다. 시계가 댕-대엥 하고 울린다. 노인도 깜짝 놀라 벌떡 몸을 일으킨다…….

삽시간의 부산스러움에 약간 어리둥절해진 나는 문간에 엉거주춤 멈추어 선 채 큰소리로 말했다.

"여러분, 안녕하십니까? 저는 모리스의 친구입니다."

아아, 그때 여러분이 이 가엾은 노인을 보았다면…….팔을 내밀고 내 쪽으로 다가와 나를 끌어안고 두 손을 잡고는 방 안을 미친 듯이 돌아다니면서 '오오, 왔어, 와 주었어! 드디어…….' 하는 노인은 얼굴의 온 주름이 미소로

가득했고, 볼은 벌겋게 상기되었다. 그는 더듬거리는 어조로 말했다.

"아아, 자네가! 자네가……."

그러고는 안쪽을 향해서 소리쳤다.

"마메트!"

잠시 후 문 열리는 소리가 났고, 복도를 따라 생쥐만 한 발소리와 함께 나타난 사람은 마메트 할머니였다. 장식 모자를 머리에 얹고, 연보라색 옷을 입은 할머니는 옛날 식 손수건을 들고서 손님을 맞는 안주인의 예법으로 내게 인사를 했다. 그 품위와 격식은 이루 말할 수 없이 아름 다웠다. 가슴이 찡한 것은 두 사람이 닮아 있다는 점이었 다. 머리를 묶고 노란 리본을 달면 할아버지 역시 마메트 라고 부를 수 있을 정도로 서로는 닮아 있었다. 다만 진짜 마메트 할머니는 십 년 세월 동안 눈물을 더 많이 흘렸던 모양으로 할아버지보다 주름이 좀 더 많다는 차이뿐. 할 아버지와 마찬가지로 마메트 할머니도 고아원 소녀를 데 리고 있었다. 역시 파란 숄을 두른 그 자그마한 호위병은 한순간도 결코 노파의 곁을 떠나지 않았다. 두 고아의 보 호로 지켜진 이 노인들의 지난 시간들, 이렇듯 가슴을 흔 드는 눈물겨운 삶이 또 있을까.

방으로 들어가자 할머니는 또 한 번 예를 갖춰 정중한 인사를 하려고 했다. 그러나 할아버지의 한마디는 그 인사를 중도에서 멈추게 해버렸다.

"모리스의 친구라고……."

그녀는 이내 몸을 떨며 울음을 터뜨렸고, 손수건을 떨어뜨리며 할아버지보다도 훨씬 더 얼굴이 붉어졌다. 오, 가엾은 두 노인……. 혈관 속에 한 움큼도 안 되는 피로 생을 이어갈 것이련만, 조금이라도 격앙되면 그 피가 다 얼굴로 오르는 듯했다.

"자아, 어서 의자를 가져온."

할머니가 곁에 붙어 서 있는 소녀에게 말했다.

"자아, 너는 창의 덧문을 열고 오너라."

그러자 할아버지도 자기 호위병에게 일렀다. 그러면서 그들은 중간에 서 있는 나의 손을 잡고는 얼굴을 좀 더 자세히 볼 요량이었는지 열어젖힌 창 쪽으로 비척비척 나를 데리고 갔다. 의자가 당겨졌고, 나는 두 사람 사이의 접는 의자에 앉았다. 파란 옷의 아이들이 내 등 뒤에 나란히 섰고, 그러고는 심문이 시작되었다.

"우리 손자 모리스는 잘 있나요? 그 애는 무얼 하고 있죠? 왜 안 오는 거죠? 잘 살고 있는 건가요?"

한쪽이 물으면 다른 한쪽도, 대답이 끝나면 이번엔 또 반대쪽부터……, 이런 식으로 몇 시간이 지나갔다.

나는 되도록 모든 질문에 대답하려 애를 썼다. 모리스에 대해 알고 있는 것이라면 하나도 빼놓지 않고 모든 이야기를 해드리려 했다. 그리고 잘 모르겠는 것까지도 대담하게 지어내어 대답했다. 예를 들어, 창이 제대로 닫히는지, 침실과 서재의 벽지는 무슨 색깔이었는지 주의해서 보지 않았다고 자백하지 않으려고 세심하게 주의하며 이야기하는 것을 잊지 않았다.

"방의 벽지 말씀입니까? 파란색이었어요, 할머니. 하늘색 같은 엷은 파랑색에 꽃무늬가 가득한 벽지였습니다."

"어머, 그래요?"

할머니는 눈물을 글썽이며 남편 쪽을 돌아보고 이렇게 말했다.

"참 착한 애지요. 우리 집의 벽지 색을 잊지 않고 있는 걸 보면……"

"암, 그렇고말고. 정말 착한 아이지!"

할아버지도 힘주어 대답했다.

이렇게 나의 이야기의 처음부터 끝까지 두 사람은 서로 끄덕이고, 만족스럽게 미소 지으며, 눈을 가늘게 뜨고 모두 알겠다는 시늉을 해보였다. 때로는 할아버지가 내게로 바싹 다가서서 이렇게 말을 건네기도 했다.

"좀 더 큰소리로 말해주지 않겠소? 저 사람 가는귀를 좀 먹어서……."

그러면 할머니는 할머니대로 이렇게 말했다.

"좀 더 목소리를 크게요! 할아버지가 잘 못 알아듣거든."

그래서 나는 목소리를 차츰 높여 갔다. 그러면 두 사람은 기쁜 듯 미소를 지어 보였다.

그리고 손자인 모리스의 모습을 나를 통해 찾아보려고 몸을 굽히는 두 사람의 시들은 두 얼굴을 통해서, 마치 자욱한 안개 속에서 미소 짓고 있는 것 같은, 어렴풋이 베일을 쓰고 있어 거의 잡아내기 어려운 친구의 모습을 오히려 찾아내고는 완전히 감동했던 것이다.

할아버지가 갑자기 의자 위로 몸을 일으켰다.

"오오, 내 정신 좀 봐, 마메트……. 아마 점심을 아직 안 들었을 게야."

그러자 마메트 할머니도 깜짝 놀라더니 팔을 들어 올리면서 말했다.

"아직 점심을! 어머나 그러게!"

이 역시 모리스에 대한 사랑의 표현이라 생각했기에 '이 선량한 손자의 친구는 점심식사를 열두 시가 지나도록 안 먹는 일은 절대로 없습니다.'라고 대답하려고 했다. 그러다가 잠시 생각해 보니, 모리스가 아닌 바로 나를 두고 하는 말들이었다. 그래서 나는 '사실은 아직 식사 전입니다.'라고 대답했다. 그러고 나서 벌어진 한동안 소동은 정말 가관이었다.

"너희들이 서둘러 식사 준비를 해야겠다! 식탁을 방 한가운데로 내놓고, 주일에 쓰는 식탁보와 꽃무늬 접시를 가져오너라. 그렇게 웃고 섰지만 말고 어서 서둘러요."

내 생전에 그렇게 빠른 시간 안에 식탁이 차려지는 것을 보는 건 처음이었다. 접시 서너 장을 차례로 깨는 것보다도 빨리, 그렇게 식탁은 갖추어졌다.

"차린 건 없지만 맛있게 들어주었으면 해요……."

식탁으로 안내하면서 마메트 할머니가 이렇게 말했다.

"혼자 드시게 해서 어째요? 우리야 아침을 워낙 늦게 먹었기 때문에……."

가엾은 노인들! 어느 때 찾아와도 그들은 이렇게 늘 아침을 늦게 먹었다며 핑계를 댈 것이 뻔했다. 마메트 할머니의 차린 건 없지만 맛있게 먹으라는 그것은 약간의 우유와 대추야자 열매, 그리고 바게트라는 구운 과자 비슷

한 딱딱한 빵이었다. 이것 하나로도 할머니와 카나리아
는 적어도 일주일은 먹고살 수 있을 것이다. 그런데 나 혼
자 이것들을 모조리 먹어치워 버리다니! 내 생각이 그리
틀린 것은 아니었는지 식탁 둘레에서는 표정을 감추려 했
으나 분노의 빛이 역력한 분위기가 연출되었다. 파란 옷
의 소녀들은 서로 팔꿈치를 부딪혀 가며 낮은 목소리로
종알거렸고, 새장 속의 카나리아까지도, '아니 저것 좀
봐, 바게트를 모조리 먹어치우고 있어!'라고 말하고 있는
것 같았다.

나는 정말로 모조리 먹어치워 버리고 말았다. 그도 그
럴 것이 고풍스런 향기가 가득한 밝고 조용한 방 안의 사
물들을 구경하는 데 온통 정신이 팔려 있었기 때문에 거
의 그 사실을 깨닫지 못하고 있었던 것이다. 특히 주목을
끄는 두 개의 작은 침대가 있었다. 마치 요람 두 개를 나
란히 세워 놓은 것 같은 침대를 보자 나는 이른 아침, 술
이 달린 커다란 장막 그늘 속에서 침구에 포옥 파묻혀 있
는 두 사람을 떠올렸다.

시계는 둔하게 새벽 세 시를 치고, 노인들이 가만히 눈
을 뜬다.

"마메트, 아직 자고 있소?"

"아뇨, 영감."

"모리스는 좋은 애라고."

"그럼요, 정말 좋은 애고 말고요."

이렇게 나란히 놓인 두 개의 작은 침대를 본 것만으로도 두 노인이 가만히 나눌 그 새벽의 조용한 대화를 가슴에 떠올릴 수 있었다.

공상 속에 한참 사로잡혀 있을 그때, 방 한구석 찬장 앞에서는 아슬아슬한 연극 한 장면이 연출되고 있었다. 제일 위쪽 선반에 놓여 있는 버찌로 담근 브랜디 병을 꺼내려는 것이다. 십 년 전부터 모리스 올 때만을 기다리며 보관해 두었던 그 귀한 술을 마침내 나에게 대접하려는 것이었다. 마메트 할머니의 애원에도 아랑곳없이 할아버지는 직접 버찌 술을 꺼내겠다고 고집하며 할아버지 키로는 의자 위에 올라서도 겨우 닿을까 말까 한 선반 쪽으로 손을 뻗고 있었다.

지금도 눈에 선하다. 발끝과 손을 부들부들 떨면서 몸을 뻗고 있는 노인, 그 의자에 달라붙듯 단단히 붙들고 있는 파란 숄의 아이들, 바로 뒤에서 가슴을 쓸어내리며 불안한 숨을 헐떡이고 있는 할머니, 그리고 높게 열려진 찬장, 수북이 쌓인 다갈색의 병에서 흘러내리는 유서 깊은 버찌의 담백한 향기……. 보기에 아슬아슬하기는 했지만 정말이지 사랑스러운 정경이 아닐 수 없었다.

할아버지의 혼신의 몸짓으로 마침내 이 유서 깊은 유리병은 모리스가 어렸을 때 사용했다는, 이제는 완전히 찌그러질 대로 찌그러진 해묵은 은잔과 함께 간신히 시렁에서 내릴 수가 있었다. 그리고 술잔 가득히 버찌 술이 따라졌다. 모리스는 버찌를 제일 좋아했던 것이다.

내게 어서 들라고 권하면서도 할아버지는 당신도 한 잔 했으면 좋겠다는 표정을 감추지 못했다.

"자네는 정말 운이 좋은 사나이야. 이 귀한 술을 마실 자격을 가졌다니 말이야. 우리 집사람이 손수 만든 것이라 맛도 대단히 좋을 것이야. 어서 들어요, 어서……."

'오, 안타까운 일이로고! 손수 만든 것은 고맙지만 노부인이여, 어찌 설탕 넣는 것을 잊으셨답니까……. 하지만 도리 없는 일이지요. 사람이 나이를 먹으면 그런 법인 것을. 가엾은 마메트, 십 년 세월의 버찌는 기막히게도 맛이 없었소이다……!'

마음속으로야 이런 장탄식이 절로 나왔지만, 그러나 나는 두 사람의 성의를 생각해서 마지막까지 눈살을 찌푸리지 않고 다 마셔 주었다.

식사를 끝낸 나는 노부부에게 작별을 고하려고 자리에서 일어났다. 두 사람이야 나를 못 가게 해서라도 손자 이야기를 더 듣고 싶었을 테지만, 해는 서쪽으로 이미 기울었고, 삼사십 리 길인 풍찻간과의 거리를 생각하면 그쯤에서 떠나지 않을 수 없었다.

할아버지도 나와 함께 일어섰다.

"마메트, 옷을 주어요. 내가 광장까지 배웅해 주어야겠어……."

나를 광장까지 배웅하기에는 기온이 많이 떨어졌다고 생각했을 것이 분명하지만, 그러나 마메트 할머니는 애써 그런 표정을 감추고 있었다. 남편을 끔찍이 생각하는 할머니는 진주 단추가 달린 값비싸 보이는 옷을 입는 남편을 거들면서, 다만 이렇게 나직나직 상냥하게 말했다.

"너무 늦게 오시면 안 돼요……."

그러자 할아버지는 약간 심술궂게 말했다.

"흠, 글쎄, 잘 모르겠는데, 혹시……."

그리고 두 사람은 마주 보고 웃었다. 그들이 웃는 것을 보고 파란 옷의 아이들도 따라 웃었다. 새장 속의 카나리아도 카나리아답게 따라 웃었다. 이제야 하는 말이지만, 향이 가득했던 버찌 냄새로 모두들 약간 취해 있었다고 생각된다.

할아버지와 내가 밖으로 나왔을 때 날은 이미 많이 어두워져 있었다. 우리 뒤에는 파란 옷의 소녀가 노인을 데리고 돌아가기 위해 먼발치에서 따라오고 있었다. 하지만 노인에게는 소녀가 보이지 않는 모양이었다. 노인은 나의 팔을 잡고 젊은이처럼 걸으면서 대단히 자랑스러워했다. 마메트 할머니는 입구 층계에 서서 그런 우리의 뒷모습을 계속 지켜보고 있었다. 우리 쪽을 바라보면서 흐뭇한 표정으로 고개를 끄덕이고 있는 것이 마치 이렇게 말하고 있는 것만 같았다.

"그래, 바로 저 사람이 우리 영감이야……. 아직도 저렇게 정정하게 길을 걷고 있잖아? 그럼, 그렇고말고……."

# 산문의 환상시

이른 아침 문을 여니 풍찻간 주위에는 밤새 새하얀 서리가 내려 있었다. 풀잎은 유리처럼 반짝이며 사각사각 소리를 내고 있었고, 언덕 전체가 추위에 떨고 있었다. 밤 사이 나의 사랑하는 프로방스가 북국北國의 모습으로 온통 변해 있었다. 가지마다 고드름 꽃 장식을 단 소나무 숲이며, 맑디맑은 수정알 꽃다발로 변한 라반드 숲 속에서 나는 얼마간 독일풍의 공상에 빠져 이 두 편의 환상시를 써내게 되었다. 그러는 사이 서리는 내게 작고 새하얀 서릿김을 불어 보냈고, 높게 갠 하늘 위에서는 하인리히 하이네의 나라에서 온 황새들이 몇 개씩 커다란 세모꼴을 만들며, '아이 추워, 아이 추워……' 하고 울어대면서 카마르그 쪽으로 날아갔다.

## 1. 왕자의 죽음

어린 왕자가 병이 났다. 그의 병세가 어찌나 위중했던지 왕자는 임종을 눈앞에 두고 있었다. 나라 안의 모든 교회에서는 그의 회복을 위해 밤낮없이 성체가 받들어졌고, 제단마다 큰 촛불이 타올랐다. 고색창연한 거리는 쓸쓸하고 조용했으며, 교회의 종도 울리지 않고, 거리를 지나는 마차까지도 천천히 다니고 있었다. 왕궁 근처 거리에는 사람들이 삼삼오오 모여 번쩍거리는 옷차림의 배가 불룩 튀어나온 성문 위병들이 울타리 너머 광장에서 이야기를 나누고 있는 모습을 주의 깊게 바라보고 있었다.

이 일로 궁전 사람들은 저마다 불안에 싸여 있었다. 시종과 하급 관리들이 쉴 새 없이 대리석 계단을 오르내리는가 하면, 복도 곳곳마다 비단옷을 입은 신하들이 이리저리 바쁘게 오가며 낮은 목소리로 사태를 알아보고 있었다.

넓은 계단에서는 눈이 퉁퉁 부은 여자 관리들이 예쁜 자수를 놓은 손수건으로 연신 눈물을 훔치며 인사를 나누고 있고, 저쪽 홀에서는 의사들이 거듭 회의를 열었다. 유리창 너머로 검고 긴 소매가 움직이고, 마르토 가발이 의젓하게 기울어지는 것이 보였다. 시종 무관은 마구 소리쳐대고 있고, 양육 담당 중 몇몇은 라틴 시인인 오라스의 시를 읊고 있었다. 그러는 사이 마구간 쪽에서는 이따금씩 가엾은 말 울음소리가 들려왔다. 마부가 먹이통을 비워둔 바람에 슬픈 듯 울음소리를 내고 있는 것이었다. 왕자가 즐겨 타던 밤색 말이었다. 이렇게 왕자궁의 양육 담당과 시종들은 문 앞을 왕래하면서 의사의 최종 발표를 기다리고 있었다.

그때 왕은 성 한쪽 끝에 있는 방에 혼자 틀어박혀 있었다. 일국의 국왕으로서, 사사로운 눈물을 남에게 보이기 싫어서였다. 하지만 왕비는 그렇지 않았다. 중병에 걸린 어린 왕자 곁을 떠나지 않고, 머리맡에 앉아 안타까운 얼굴을 눈물로 적시며, 여느 어머니들이 그러는 것처럼 여러 사람들 앞에서 소리 내어 흐느끼고 있었다.

레이스로 장식된 침상에는 백지장 같은 얼굴을 하고 있는 왕자가 눈을 감고 누워 있었다. 얼핏 잠들어 있는 듯 보이기도 했지만 사실은 깨어 있었다. 그가 어머니 쪽을 돌아보고는 울고 있는 어머니를 향해 이렇게 말했다.

"어머니, 왜 울고 계시나요? 정말 제가 죽으리라 생각하시는 건가요?"

왕비는 대답을 하려고 했다. 하지만 목이 메어 도저히 입을 열 수가 없었다.

"어머니, 울지 마세요. 저는 이 나라의 왕자예요. 왕자는 그렇게 쉽사리 죽지 않아요."

왕비가 더욱 흐느껴 울었다. 그러자 왕자는 갑자기 무서운 생각이 들었다.

"울지 마세요! 난 죽음에게 나를 내어주고 싶지 않아요. 그놈이 여기까지 못 오도록 해보이겠어요. 침상 주위를 지키게 할 테니, 힘센 근위병을 당장 마흔 명만 불러주세요. 그리고 서둘러 대포 백 대를 배치하고 불을 당기게 해서 밤낮없이 창 밑을 지키게 할 거예요. 그래도 죽음이 다가오면 그땐 저주하고 말 거예요!"

왕비는 아들의 마음이나마 편하게 해줄 생각으로 즉시 시종장에게 눈짓을 보냈다. 이윽고 광장에는 커다란 포차 소리가 울렸고, 마흔 명의 병사가 침상 둘레에 창을 들고 섰다.

그들을 본 어린 왕자는 손뼉을 치더니 그 중 한 사람을 불렀다.

"롤랑! 롤랑!"

늙은 병사 하나가 한 걸음 앞으로 나와 섰다.

"롤랑 할아범, 난 당신이 제일 좋아. 그 긴 칼을 좀 보여 줘. 만일 죽음이 나를 데리러 오면 죽여 버려야 하니까."

롤랑이 이내 대답했다.

"그렇고말고요. 여부가 있나요, 저하."

노병의 뺨 위로 굵은 눈물이 뚝뚝 흘러내렸다.

이때 왕실의 사제가 어린 왕자에게로 가까이 다가왔다. 그는 십자가를 내보이면서 오랫동안 낮은 목소리로 왕자에게 무언가를 말했다. 잠시 후 왕자가 깜짝 놀라며 그의 말을 가로막았다.

"신부님, 당신 말씀은 잘 알겠어요. 하지만 친구인 베포한테 돈을 잔뜩 주어 내 대신 죽게 할 순 없나요?"

사제가 낮은 목소리로 귓속말을 계속했다. 그러자 태자는 점점 더 놀란 시늉을 했다. 그리고 사제의 이야기가 끝나자 한숨을 푹 쉬고 말했다.

"신부님 말씀은 하나같이 슬픈 얘기뿐이네요. 하지만 나를 위로해 주는 게 한 가지는 있군요. 저 별이 빛나는 천국에서도 난 역시 왕자일 것이라는 얘기 말예요. 하느님은 나의 사촌이시니 보나마나 내 신분에 알맞은 대우를 해주시리라 생각해요."

왕자는 왕비 쪽을 돌아보고 덧붙였다.

"내게 이 세상에서 가장 아름다운 옷과 흰 조끼와 우단으로 지은 신발을 갖다 주세요. 천사들을 만날 때, 아름다운 모습으로 첫선을 보이고 싶으니까요. 그렇게 멋진 차림으로 천국에 들어가고 싶어요."

사제는 세 번째로 어린 왕자 쪽으로 몸을 구부리고는 오랫동안 낮은 목소리로 이야기했다. 그 이야기 도중에 왕자가 벌컥 화를 내며 사제의 말을 가로막았다.

"뭐요? 그렇다면 왕자란 정말 하찮은 것이네요!"

왕자는 벽 쪽으로 홱 하고 돌아눕더니 이내 분한 듯 눈물을 마구 흘렸다.


## 2. 들판의 군수

군수님은 순회 시찰 중이었다. 마부를 선두로 부하들을 잔뜩 거느린 관청의 마차는 위풍당당하게 그의 일행을 태우고 '마녀의 골짜기'라고 불리는 고장으로 달렸다.

이 기념해야 할 날에 군수님은 제복을 갖춰 입고, 작은 모자까지 쓰고 있었으며, 은색 줄을 박은 바지를 몸에 꼭 맞게 입고, 허리에는 진주가 달린 긴 칼을 차고 있었다. 그의 무릎 위에는 무늬가 휘황찬란한 가죽 가방이 올려져 있었는데, 군수님은 아까부터 망연히 그 가방을 내려

다보고 있었다. 그는 마녀의 골짜기 사람들 앞에서 해야 할 중요한 연설에 대해 골똘히 생각하고 있었다.

"내빈 여러분, 그리고 친애하는 군민 여러분……."

그러나 멋스럽게 기른 갈색 턱수염을 제아무리 쓸어 보아도 좀처럼 다음 말이 생각나지 않았다.

"친애하는 내빈 여러분, 그리고 사랑하는 군민 여러분……!"

이렇게 연거푸 스무 번을 되풀이해도 도무지 다음 연설이 생각나지 않는 것이었다.

마차 안은 찜통처럼 후끈거렸다. 마녀의 골짜기로 가는 길은 태양을 받아 먼지투성이가 되어 있었다. 길 양옆의 하얗게 먼지를 뒤집어쓴 느릅나무에서는 수십 마리는 됨직한 매미들이 이 나무에서 저 나무로 옮겨 다니며 일제히 울고 있었다.

군수님이 갑자기 몸을 부르르 떨었다. 저편 낮은 산기슭에서 그에게 유혹의 손짓을 보내는 것 같은 작은 상록 떡갈나무 숲을 발견한 것이었다.

"군수님, 이리 오셔요. 우리가 만들어 놓은 이 시원한 그늘 아래서 연설문을 만들고 가셔요."

군수님은 급기야 유혹에 넘어가고 말았다. 마차에서 뛰

어내린 그는 수행원들에게 떡갈나무 숲에서 잠시 머물며 초고를 만들 터이니 기다리고 있으라고 말했다.

떡갈나무 숲에는 새가 있었고, 제비꽃이 피어 있었으며, 싱그러운 풀밭 아래로는 맑은 샘물이 명랑한 노래를 부르며 흐르고 있었다. 그러나 훌륭한 바지를 입고 화려한 무늬의 가방을 든 군수님이 숲으로 뛰어들자 새들은 무서워서 노래를 그쳤고, 샘물도 더 이상은 노래를 부르지 않았으며, 제비꽃도 이파리를 풀숲 속으로 숨겨 버렸다.

이 작은 세계에서는 여태껏 그 누구도 군수님을 본 일이 없었으므로 '은줄이 박힌 딱 붙는 바지를 입고 산책을 하고 있는 저 훌륭한 분은 누구일까?' 하고 낮은 목소리로 서로 묻는 것이었다. 이러는 사이 군수님은 숲의 시원함과 조용함에 도취되어 웃옷자락을 들어 올리고 모자를 풀 위에 내려놓고는 떡갈나무 주위에 난 이끼 위에 앉았다. 그러고는 가죽 가방을 열고 관청에서 쓰는 큰 종이를 꺼내 들었다.

"예술가야!"

꾀꼬리가 말했다.

"아냐, 예술가가 아냐. 은줄이 박힌 바지를 입고 있는 걸. 보나마나 공작님일 거야."

이렇게 피리새가 받아쳤다.

"예술가도, 공작도 아냐 저분은······."

언젠가 군청 뜰에서 봄 한 철을 지낸 적이 있는 나이 지긋한 휘파람새가 그들의 말을 가로막고 말했다.

"저분은 바로 군수님이야."

그러자 온 숲이 술렁거렸다.

"군수님이래, 군수님······."

"그런데 머리가 상당히 벗겨졌는걸······!"

커다란 벼슬이 달린 종달새가 변죽 울리는 한마디를 하자 곧이어 제비꽃이 되물었다.

"나쁜 사람이야?"

나이 먹은 휘파람새가 대답했다.

"아니, 조금도."

신망 얻고 있는 휘파람새가 이렇게 말하자 안심을 하게 된 새들과 샘물은 다시 노래를 시작했고, 제비꽃도 다시 향기를 내뿜기 시작했다. 마치 군수님이 숲으로 뛰어들기 전처럼······.

한편 군수님은 이 놀람과 기분 좋은 웅성거림은 느끼지도 못한 채 다만 마음속으로 농사연구회에서의 연설을 주관하는 여신에게 가호를 구하며 연필을 들고 엄숙하게 연설을 준비했다.

"내빈 여러분, 그리고 친애하는 군민 여러분……!"

그러자 와아, 하고 웃음소리가 일어나 그의 연설을 중단시켰다. 돌아보니 모자 위에 살짝 올라앉아 그를 빤히 쳐다보는 살찐 딱따구리 한 마리만 있을 뿐이었다.

어색해진 군수님이 어깨를 으쓱 추켜올리고는 연설을 계속하려고 했다. 그러자 딱따구리가 그를 가로막고 옆에서 한마디 했다.

"시시해!"

"뭐, 시시하다고?"

군수님의 얼굴이 삽시간에 노여움으로 빨개졌다. 그는 팔을 휘둘러 이 뻔뻔스러운 놈을 쫓아 버리고서는 더욱 큰소리로 다시 연설을 시작했다.

"내빈 여러분, 그리고 친애하는……."

때마침 귀여운 제비꽃이 그쪽으로 키를 움찔 추켜올리며 상냥하게 말을 걸어왔다.

"군수님, 우리한테서 아주 좋은 냄새가 나죠?"

샘물이 이끼 아래에서 맑은 연주를 시작했고, 머리 위 나뭇가지에도 꾀꼬리 떼가 몰려와 즐겁게 노래를 불렀다. 그렇게, 숲의 모든 생명체들이 힘을 합해 군수님의 연설이 완성되지 못하도록 일제히 방해했다. 꽃의 향기와 새들의 음악에 저항하려고 했지만 군수님의 노력은 허사였다. 그는 풀밭에 팔꿈치를 대고, 화려한 제복의 단추를 풀고는 또다시 중얼거려 보았다.

"내빈 여러분, 그리고 친애하는 군민 여러분…… 내빈 여러분, 그리고 친애하는……."

이윽고 그는 이제 '군민 여러분' 따위는 염두에도 없게 되었다. 그러니 농사연구회의 여신도 얼굴을 가리는 수밖에 없게 되었다. 얼굴을 가려라, 농사연구회의 여신이여……!

한 시간쯤이 지났고, 군수님이 대체 뭘 하고 있는지 궁금함을 참을 수 없어 숲으로 들어왔던 수행원들은 깜짝 놀라 뒷걸음질 칠 수밖에 없었다. 풀밭에 집시처럼 형편없는 몰골로 엎드린 군수님은 옷은 이미 벗어던진 채였고, 제비꽃을 우물우물 씹으면서 열심히 시를 짓고 있었다.

# 비크시우의 지갑

　10월의 어느 날 아침, 파리를 떠나기 며칠 전의 일이다. 내가 막 아침 식사를 하고 있을 때 누더기를 걸친 노인 하나가 우리 집을 찾아왔다. 창을 통해 그를 보니 다리는 바깥쪽으로 구부러지고 등이 많이 휜, 마치 털 뽑힌 학처럼 긴 다리를 부들부들 떨고 있었다.

　비크시우였다! 오, 파리 사람들이여, 우리가 너무나도 잘 아는 비크시우가 문 앞에 와 있는 것이었다. 익살스럽고도 사랑스러운 비크시우, 신이 내린 풍자와 카툰의 천재, 지난 십오 년 동안이나 우리의 박수갈채를 한 몸에 받았던 신랄한 풍자가 비크시우가 온 것이다. 오, 가엾은 비크시우, 정말 딱하기도 하지. 만일 그 특유의 찌푸린 얼굴을 지으며 집 안으로 들어오지 않았더라면, 그 비참하고 불쌍한 몰골로는 나로서는 도저히 그를 몰라봤을 것이다.

목을 축 늘어뜨린 채 지팡이를 클라리넷처럼 입에 문 이 애처로운 어릿광대는, 방 한가운데로 다가서더니 책상 앞으로 쓰러지듯 몸을 내던지며, 호소하는 듯한 목소리로 이렇게 말했다.

"가엾은 장님에게 자비를……!"

장님 흉내를 너무나 기막히게 내기에 나는 웃지 않을 수 없었다. 그러자 그가 냉정해진 표정으로 나를 흘겨보았다.

"자네는 내가 장난치고 있다고 생각하는군. 그렇다면 내 눈을 보라고."

이렇게 잘라 말하고는 초점 잃은 큰 눈동자를 내 쪽으로 바싹 들이댔다.

"난 장님이야. 여보게, 이제 다시는 눈이 보이지 않는다고! 그 동안 황산염으로 글과 그림을 그려내느라 눈알이 타버린 거야. 이렇게 완전히, 깡그리 타버린 거라고……!"

그는 속눈썹까지 완전히 타서 짓뭉개진 눈꺼풀을 뒤집어 보이며 절규하듯 내게 말했다. 한참 동안 나는 그에게

뭐라 할 말이 없었다. 그저 묵묵히 서 있을 뿐. 내가 잠자코 있자 불안해졌는지 그가 물어왔다.

"공부하고 있었나……?"

"아니, 식사를 하고 있어. 자네도 같이 들겠나?"

그는 대답을 하지 않았다. 그러나 코를 벌름거리고 있는 품은 영락없이 먹고 싶어 견딜 수 없는 것이었다. 나는 그의 손을 이끌어 옆자리에 앉혔다. 식사가 준비되는 동안 가엾은 중늙은이 비크시우는 음식에서 올라오는 냄새를 맡으며 싱글벙글 웃었다.

"맛있을 것 같군. 마침내 성찬을 얻어먹게 됐어. 아침밥을 먹어본 지도 어지간히 오래됐네. 매일 아침 1수우(1 프랑의 20분의 1) 짜리 빵 한 조각으로 때우고, 하루 종일 관청을 기웃거리며 돌아다니곤 했지. 담배 가게를 하나 내고 싶어서 말이야. 도리가 없잖아? 먹고살아야 하니까 말이야. 난 이제 그림을 그릴 수가 없어. 글도 틀렸다고! 내가 말로 하면 그걸 받아 적게 한다? 그런데 무얼? 내 머리는 이제 텅 비었어. 아무것도 못해. 자네가 기억하는 내 일이란 그저 파리 사람들의 광기에 가까운 행태를 보고 그걸 그림과 글로 흉내 내는 것이었어. 이제는 하려고 해도 어쩔 도리가 없을 뿐만 아니라 그리고 싶지도 않

144

아……. 그래서 담배 가게를 생각한 거야. 물론 큰길가는
엄두도 못 낼 일이겠지. 내가 댄서의 어머니나 장교의 미
망인은 아니니까. 그런 건 욕심일 뿐이지. 난 그저 변두리
의 작은 가게로도 족해. 가게만 낼 수 있다면 머나먼 바닷
가라도 사양치 않을 생각이네. 난 튼튼한 종이 파이프를
입에 물고서 소설가 에르끄망이나 샤토브리앙의 작품 속
에 나오는 한스라든가 제베데라고 내 이름을 소개할 셈이
야. 그리고 요즘 한창 인기를 얻는 작가들의 작품을 사다
가 종이를 찢어 담배를 담는 삼각 종이봉투를 만들면서,
이제는 아무것도 쓸 수 없게 된 나 스스로의 마음을 차
분하게 위로할 생각이네. 사실 내게 희망이라곤 이것 하
나뿐이지. 대단한 건 아니잖나? 그런데 그것 하나도 쉽
지가 않은 거야. 나에게 후원자 하나쯤 있어도 문제가 이
렇게 어렵지는 않을 텐데 말이야. 이래봬도 전엔 제법 이
름이 팔려 있었잖아. 장군들에 황족, 장관들 집에서까지
도 나를 초대해 같이 식사를 했었지. 놈들은 하나같이 나
를 자기네 식탁에 초대하고 싶어 했어. 내가 그놈들을 즐
겁게 해주었거나, 아니면 놈들이 날 두려워했기 때문이지
……. 하지만 지금의 나는 그 누구도 두려움에 떨게 할 수
가 없어. 아아, 이 눈! 이 가엾은 눈알! 난 이제 그 누구한

테서도 초대받지 못해. 이제는 정치적인 힘을 잃은, 그저 거리를 더듬거리며 다니는 장님에 불과하니까⋯⋯! 빵 좀 쥐여 주게나. 에이, 빌어먹을! 담배 가게 하나 차리는 것도 참 쉽지 않은 노릇이야. 청원서를 들고 반 년 동안이나 관청 이곳저곳을 다니고 있는데 도무지 진전되는 일이 없어. 꼭두새벽부터 준비를 해서 관청에 들어갔다가 저녁이 되도록 그 안에 살아도 그저 '기다려달라'는 말뿐이니 나원⋯⋯! 내 인생은 대기실에 있는 의자 위에서 썩어 가고 있어. 접수창구를 담당하는 녀석들이야 나하고 친하지. 오죽하면 내무성 놈들이 나를 사람 좋은 아저씨라고 부르겠나. 하기야 놈들에게 배를 잡는 농담을 해주거나 종잇조각 따위에 놈들이 좋아하는 춘화를 그려주니 날 반길 수밖에. 그렇게 놈들의 비위를 맞추고 산다네. 담배 가게 자리 하나 얻어 보려고 말이야. 이십 년의 화려한 성공의 결과가 이 꼴이라니, 이게 예술가의 말로인가⋯⋯! 그런데도 프랑스엔 군침을 질질 흘리면서 이런 말로를 부러워하고 있는 풋내기가 무려 사만 명이나 된다고 하네. 지금도 지방에서는 매일 아침 문단이니 데뷔 따위에 눈이 먼 풋내기들을 망태기에 담아 실어 나르느라 기관차가 열나게 불을 피우고 있단 말씀이야! 흥! 시골 놈들은 형편없

어. 이놈들아, 이 비크시우의 인생이 산 증거다, 산 증거
……!"

혼잣말로 긴 이야기를 마친 비크시우는 그때부터 코를
접시에 처박다시피 하고서는 마구 먹어대기 시작했다. 말
도 없이. 그런 그를 물끄러미 바라보는 내 마음에도 어느
덧 비참하다는 생각이 들었다. 빵이니, 포크니, 물건과
음식이 어디 있는지 더듬거리며 찾는 그의 안타까운 손놀
림과 우걱거리며 정신없이 음식을 씹어대는 입놀림, 컵을
찾느라 더듬더듬 손을 내뻗는 그를 보면서 나는 실로 만
감이 교차했다. 잠시 후 그가 다시 입을 열었다.

"내게 있어 더욱 못 견디겠는 한 가지는, 더 이상 신문
을 읽을 수 없게 됐다는 사실이야. 신문기자가 아니곤 이
런 기분 모를 테지만, 이따금 집으로 돌아가는 길에 신문
을 한 장씩 사곤 하지. 내가 직접 읽을 수는 없지만, 새 신
문 종이 냄새와 거기에 가득 실려 있을 새로운 기사의 잉
크 냄새라도 맡을 요량으로 말이야. 내겐 다시없을 정말
좋은 냄새지. 하지만 아무도 읽어 주지를 않아. 아내마저
말야. 그냥 자기 필요한 것들만 읽고는 내게는 뭐 3면 기
사에 재미없는 게 실려 있다는 정도? 정말 성의 없이 말이
야. 그 여자, 처음엔 얼마나 정숙한 체했는지 아나? 그런

데 시간이 지나자 교회에 눈이 멀어 아주 광신자가 되어 버린 거야. 그것도 아주 극단적으로 말이야. 내 눈이 이렇게 되자 그녀는 살레트 산으로 나를 데려가 성수로 내 눈을 씻기려 했지. 거기다가 성체를 만들 최고급 밀가루를 교회에 헌납하는가 하면, 집안 형편은 나 몰라라 한 채 이것저것 온갖 명분으로 기부금을 내지를 않나, 고아원이나 길거리의 중국 아이들을 위해 돈을 내놓지를 않나, 일일이 들자면 한이 없다네. 그래, 그 여자 입장에서야 충분히 선행을 쌓았어. 그런데 앞 못 보는 나를 위해 신문 한 줄 읽어주는 건 선행이 아니란 말인가? 그런 걸 싫다고 딱 잡아떼니 말이야. 우리 딸이 집에 있었다면 틀림없이 읽어 줬을 거야. 그 미친 여편네, 여기저기 퍼다 줄 건 있어도 금쪽같은 우리 딸애는 가차 없이 노트르담의 데자아르에 처넣어버리더군. 입 하나라도 줄일 생각으로 말이야. 그 애 역시 불쌍하기는 매한가지야. 태어나서 아홉 해 동안 병이라는 병은 모조리 앓았고, 그 병치레 때문에 한창 뛰놀아야 할 나이에 괴물처럼 흉한 몰골을 하고 수용소에 갇혀 지내고 있으니 이거야 원……! 난들 어쩌겠나. 가진 재주라곤 그림 그리는 것 하나밖에 없고, 두 눈을 잃고 나니 어쩔 도리가 있었겠는가. 가만 있자……. 에

잇, 빌어먹을! 내가 썩어빠질 우리 집구석 얘기를 하고 말 았다니, 노망이 나려나……! 자네에겐 미안하이. 어쨌거 나 브랜디를 좀 더 따라주게나. 여기서 내 신세 한탄만 하 고 있으면 뭘 하겠나, 기운을 차려야지. 나가면 바로 문부 성으로 가야 해. 내무성하고는 또 달라서 그곳 접수계 놈 들 비위를 맞추기가 여간 어려운 게 아니거든……."

나는 브랜디를 따라주었다. 그리고 그는 기분 좋은 듯 홀짝홀짝 맛을 보기 시작했다. 어떤 환상에 이끌렸는지 는 모르지만, 그가 갑자기 컵을 손에 들고 일어서서는 한 동안 보이지 않는 두 눈으로 살모사같이 머리를 좌우로 돌리면서 점잖은 이야기를 시작할 때의 신사처럼 상냥하 게 미소를 지어 보였다. 그러더니 이백 명쯤 모인 만찬장 에서 건배를 청하듯 목소리를 돋우어 이렇게 외쳤다.

"예술을 위해서! 문학을 위해서! 그리고 신문지를 위해 서……!"

이렇게 시작된 그의 식탁 연설, 이 어릿광대의 머리에 서 나온 가장 엉뚱하고 가장 기막힌 즉흥 연설이 시작되 었다.

"일천팔백육십X년의 『문학 진단』이라는 제호의 송년호 잡지를 상상해 주십시오. 소위 문학 모임이라 칭하는 모

든 집회에 대한 평가의 글들, 한 해 동안의 문단의 풍문과 논쟁에 대한 종합적인 기사를 싣고, 각종 진문기담과 통속 문학에 대해서는 가차 없이 단두대를 들이댔으며, 그렇게 서로 목을 자르고 창자를 꺼내며 남의 것을 조롱하는, 속된 세상에서 인간 이하로 취급되는 부류의 부패한 문학에 대한 신랄한 비판과 함께 가난하면서도 문학의 꿈을 포기하지 않고 영혼을 불사르는 문학도들의 꿈을 위해 펜을 아끼지 않았던 숭고한 문학지……! 거기에 실렸던 감동적인 소설, 청색 연미복에 구걸하는 바가지를 들고서 데일르리 궁전으로 구걸 여행을 떠난 톤포라의 T남작의 이야기, 그리고 그 해에 죽은 문인의 기사와 그들이 문학계에 끼친 위업에 대한 논평, 묘지값을 치르지 못해 아무 곳에나 묻혀야 하는 비운의 문학가에게 '오, 그리운 그대여! 안타까운 삶을 살다 간 가없은 이여……!'를 되풀이하는 발행인의 추모시, 자살한 사람, 미친 사람의 이야기……"

세월을 달리한 어릿광대 천재, 그의 입을 통해 끊임없이 나열되고, 속속들이 흉내 내어지는 그 장황한 연설을 듣고 있어야 할 내 모습을 상상해 보라. 또 그 가당찮은 연설을 묵묵히 듣고만 있었던 나 스스로의 한심함이란…….

연설이 끝나고 술잔을 비우자 그는 시간을 묻고는 이내 가버렸다. 안하무인인 태도로 안녕이라는 인사 한 마디 없이 휘적휘적 제 갈 길을 갔다. 나는 문부성의 접수계 사람들이 그날 아침 비크시우의 방문을 어떻게 받아들였는지 모른다. 하지만 아마도 이 대책 없는 장님의 출현만큼 한심스럽고, 기분 나쁘게 느낄 일도 없을 것이란 생각은 들었다. 공연시리 저만치에 놓인 잉크병이 불쾌하게 생각됐고, 그 옆에 무심하게 놓인 펜을 보자 이유도 없이 몸서리가 쳐졌다.

멀리로 가고 싶다는 충동이 일었다. 당장이라도 달려가 울창한 숲을 바라보며 그때의 나쁜 기분을 털어버리고 싶어졌다. 기분 나쁜 인간, 그 잠깐 동안의 시간에 어쩌면 이리도 기분을 잡치게 만들 수 있단 말인가……!

잔뜩 짜증이 난 나는 비크시우가 자기 딸 이야기를 했을 때 지어 보였던 냉소를 떠올리며, 어찌할 바 모른 채로 방 안을 맴돌기 시작했다. 얼마를 돌았을까, 비크시우가 앉았던 의자 언저리에 무언가가 굴러 떨어져 있는 게 보였다. 그의 지갑이었다. 손때가 묻은 크고 검은 지갑으로 모서리가 닳아 있었다. 그는 이놈을 한시도 떼어놓지 않고 지니고 다녔고, 가끔씩 우리 앞에 내보이면서 독약 주머니라고 너스레를 떨곤 했다. 그래서 우리 동료들 사이에서 그 지갑은 지라르뎅 씨의 유명한 종이 집게만큼이나 소문난 물건으로 알려져 있었다. 낡고 불룩하게 차 있던 지갑은 밑으로 떨어지자 입구가 벌어져 안에 든 것들이 이것저것 카펫 위에 흩어져 있었다. 나는 그것들을 하나하나 주워 올렸다.

꽃무늬 편지지가 여러 장 떨어져 있었는데, 거기에는 하나같이 '그리운 나의 아빠'로 시작되어 '마리아 회원, 셀린느 비크시우'라고 서명되어 있었다. 비크시우의 어린 딸이 그에게 보낸 편지였다. 다음으로는 아이가 태어나서부터 앓았던 병에 대한 낡고 해묵은 처방전들, 디프테리아, 경기, 성홍열, 백일해……, 비크시우의 말대로 가엾게도 이 아이는 병이란 병은 죄다 앓고 지냈던 것이다.

마지막으로 봉함 되어 있는 봉투에서는 노란 곱슬 머리카락이 나왔다. 소녀의 머리카락인 듯했는데 한두 올쯤이 봉투 입구를 비집고 밖으로 삐져나와 있었다. 그리고 봉투에는 비크시우의 글씨인 듯한 서투른 대문자 글씨가, '셀린느의 머리카락, 5월 13일 자르다. 수도원에 들어간 날임.'이라고 적혀 있었다. 이상이 비크시우의 지갑에서 찾아낸 것들이다.

비크시우의 지갑을 열어본 뒤 나는 잠시 멍해졌다. 어쩌면 우리는 정도의 차이만 있을 뿐, 너나없이 똑같은 인간들일지도 모른다는 생각이 들었기 때문이다. 온갖 불만과 감당 못할 당혹함, 가식과 허풍, 그리고 마지막엔 누구나 할 것 없이 '셸린느의 머리카락, 모월 모일에 자름'이라는 짧은 마감으로 사람들에게 기억될지도 모를 일이라는 허탈감이 찾아왔던 것이다…….

# 시인 미스트랄

　며칠 전 일요일, 잠자리에서 몸을 일으키면서 나는 퍼 브루 몽마르트 가의 집에서 잠이 깬 것 같은 착각에 잠깐 빠졌다. 밖엔 비가 내리고 있었다. 하늘은 잿빛으로 흐렸 고, 비 오는 날의 기운으로 풍찻간은 잔뜩 가라앉아 있었 다. 이 으스스하고 울적한 날을 혼자 지내서는 안 되겠다 는 생각에 이르자 문득 이 지방을 대표하는 시인인 프레 드릭 미스트랄의 얼굴이 떠올랐다. 그에게 가서 기운을 좀 내고 오자는 마음이 일었던 것이다. 존경하는 이 시인 은 풍찻간에서 약 삼십 리쯤 떨어진 마이얀느의 한 시골 마을에 살고 있었다. 나는 굵은 지팡이 하나와 몽테뉴의 책 한 권을 들고서 외투를 입고는 그 길로 집을 나섰다.

비가 와서 그런지 밭에는 사람의 그림자도 없었다. 가톨릭을 믿는 선량한 프로방스 사람들은 일요일에는 흙을 쉬게 한다. 개들만이 개집에 있을 뿐, 농가는 모두 닫혀 있었다. 가끔씩 물을 뚝뚝 흘리며 포장을 친 수레가 지나갔고, 낙엽색의 망토를 뒤집어쓴 노파도 보였다. 하얗고 파란 겉옷에 은방울 리본의 성장을 하고서 잰걸음으로 미사를 보러 가는 농가의 선남선녀를 가득 태운 수레가 지나가는가 하면, 저 멀리 안개 사이로 운하에 뜬 어선과 배 위에 서서 그물을 던지는 어부의 모습도 보였다.

그날은 길을 가면서 책을 읽을 엄두를 내지 못했다. 비가 억수로 쏟아졌고, 북풍이 물을 퍼붓듯 얼굴을 때리는 고약한 날씨 때문이었다. 불어오는 강풍에 나는 숨도 제대로 쉬지 못하며 길을 재촉했다. 그리고 마침내 세 시간 뒤 작은 삼나무 숲에 이르렀다. 숲 한가운데에 있는 마이얀느 마을도 바람에 떨며 몸을 피하고 서 있었다. 마을을 가로지르는 길에는 고양이 한 마리조차 볼 수 없었다. 마을 사람들은 모두 미사에 참석 중이었고, 교회 앞을 지날 때 안에서 장엄한 오르간 소리가 흘러나왔다. 색유리 창 너머로 여러 개의 촛불이 타고 있는 것이 보였다.

시인의 집은 마을 끄트머리에 있었다. 성 루미 거리를

따라 왼쪽의 제일 마지막 집, 앞쪽으로 작은 뜰이 있는 아담한 이층집이었다. 나는 조용히 안으로 들어갔다. 집 안에는 아무도 없는 듯했다. 거실로 통하는 문은 굳게 닫힌 상태였다. 잠시 후, 적막을 깨며 저쪽 편에서 누군가 걷는 소리가 들렸다. 그는 큰소리로 말을 하고 있었다. 발소리 그리고 목소리, 내게는 정겨운 소리였다. 석회로 칠을 한 좁은 복도에서 문손잡이를 쥐고서 나는 잠깐 동안 멈추어 섰다. 가슴이 두근거렸고 감개무량하기까지 했다. 미스트랄이 그곳에 있었다. 그는 한창 시 짓기에 몰입해 있었다. 한 구절이 끝날 때까지 이대로 기다려야 하나? 아니, 도리가 없다. 나는 안으로 성큼 들어갔다.

아아, 마이얀느의 이 시인에게는 파리를 구경시켜 주려고 찾아왔다고 해야겠다. 그를 대신하여 시골 사람 하나를 데려다가 옷깃을 빳빳이 세우고, 거추장스러운 모자를 씌워서 파리의 살롱에 나타난다면, 보는 사람들은 모두들 그가 미스트랄일 것이라 생각할 것이다. 그러나 천만에. 이 세상에 미스트랄은 오직 한 사람, 바로 내가 느닷없이 찾아간 이 사람뿐이다.

펠트 모자를 귀까지 눌러 쓰고, 조끼 없는 긴 옷을 입은 그는 허리에 빨간 가따로뉴 띠를 두르고 있었다. 빛나

158

는 두 눈에 광대뼈 언저리까지 불타는 영감의 불을 지피며 기품 높게, 부드러운 미소를 띠고 있는 미스트랄. 마치 그리스의 양치기 같은 우아한 품격을 갖춘 그는 두 손을 주머니에 찌른 채 성큼성큼 걸으면서 시 짓기에 여념이 없어 보였다.

"여어, 자네가 왔군!"

목을 휘감는 뜨거운 인사를 나누며 미스트랄이 소리쳤다.

"정말 잘 와줬군! 오늘이 마침 마이얀느의 축제일이야. 아비뇽에서 온 음악대의 연주와 투우 경기, 게다가 무희와 마을 사람들이 함께 추는 춤의 향연, 굉장할걸세. 어머니도 미사에서 곧 돌아오실 테니 함께 점심을 드세. 그리고는 핫하, 예쁜 여자애들의 춤을 보러 함께 가세나."

그가 이런 이야기를 하고 있는 동안 나는 밝은 색깔의 천으로 꾸민 이 작은 서재를 감격스럽게 바라보았다. 오래 전에 그와 함께 즐거운 몇 시간을 보낸 뒤로는 오랫동안 보지 못했던 그의 서재였다. 그동안 조금도 달라진 것이 없어 보였다. 옛날 그대로, 누런 긴 의자와 짚을 넣어 만든 두 개의 쿠션, 난로 시렁 위를 장식하고 있는 팔 없는 비너스와 아를르의 비너스, 에베르가 그린 시인의 초상, 에찌엔느 까르쟈가 찍은 그의 사진, 그리고 방 한구석 창가에 놓인 그의 책상. 낡은 책과 사전이 잔뜩 쌓인 그의 책상엔 커다란 노트 하나가 펼쳐져 있었다. 그의 신작 원고로, 『칼란다르』라는 제목으로 금년 말, 크리스마스를 전후해서 출판하기로 되어 있었다.

미스트랄은 칠 년 전부터 이 원고를 쓰기 시작했고 최종 원고를 탈고한 것도 이미 반 년 전의 일이건만, 아직도 교정 작업에서 손을 떼려고 하지 않았다. 보다 매끄러운 운율을 찾는 그의 노력은 하루도 게을리 하는 날이 없었다. 미스트랄은 프로방스어로 글을 쓰고 있었다. 그리고 시 한 편을 다듬는 데 들이는 그의 노력과 정성으로 볼 때, 시를 읽는 모든 사람들이 자신이 적어 놓은 원어로 읽어 내려가며 그 심오한 의미와 표현을 그대로 이해해야만 한다고 믿고 있는 듯했다.

아아, 참으로 존경스러운 위대한 시인이여, 몽테뉴는 그를 이렇게 말할 것이다.

'아무도 알아주지 않을 예술에 고생을 마다 않고 정진하는 그대는 진정 무엇을 바라는가? 그러나 그대여, 나의 예술을 아는 사람이 단 몇 사람이라도 있다면, 아니 설령 한 사람이라 하더라도 나는 족하노니, 이렇게 말한 사람

이 있다는 사실에 그대는 그대의 존재를 귀하게 여길지니라……'

나는 『칼란다르』 원고를 손에 들고서 감격에 넘쳐 펼쳐 읽기 시작했다. 그런데 난데없이 나무피리와 북소리가 창밖 큰길 쪽에서 들려왔다. 어느샌가 미스트랄은 시렁으로 뛰어가 술잔과 술병을 꺼내더니 객실 한가운데로 테이블을 끌어냈다.

"웃지 말게. 내게 축하 연주를 해주러 온 거야. 내가 시의회 의원이기도 하거든."

그는 이렇게 말하면서 문을 열었다. 좁은 방은 꽉 찼다. 북은 의자 위, 해묵은 깃발은 한구석에 놓였고, 한 바퀴 술이 한 잔씩 돌았다. 이윽고 프레드릭 씨의 건강을 위한 건배로 몇 병이 비워졌고, 무희들의 춤이 작년처럼 아름다울까, 투우에 나올 소가 거칠지는 않을까, 하는 축제 이야기로 한바탕 소란을 피우더니 악대는 곧 다른 의원의 집을 향해 떠났다.

그 무렵, 미스트랄의 어머니가 미사에서 돌아왔다. 순식간에 식탁이 차려졌다. 순백의 테이블보 위에는 두 사람 분의 식기가 가지런히 놓였다. 나는 이 집 풍습을 잘

161

알고 있었다. 미스트랄에게 손님이 찾아오거나 하면, 어머니는 식사를 함께 하지 않았다. 사랑스러운 이 노부인은 안타깝게도 프로방스 말밖에 할 줄 몰라서 불어를 말하는 사람과 이야기하는 것을 대단히 꺼렸다. 그리고 아들의 식사 시중을 위해서 그녀는 부엌일을 보아야 했으니 나와의 거북살스런 대화는 하지 않아도 무방했다.

아아, 시인과의 즐거운 식사여. 구운 새끼염소 고기에 어머니 당신이 손수 만든 치즈, 그리고 포도즙과 잼, 무화과, 포도, 이 많은 음식을 안주로 놓고 마시는 술은 잔 속에서 황홀하도록 빛을 발하는 장미색의 샤트 누프였다. 그러니 얼마나 황홀하고 아름다운 식사가 되었을까.

식사를 마친 나는 『칼란다르』 원고 노트를 가지고 와서 미스트랄의 자리 앞에 올려놓았다.

"외출할 생각이라니까."

시인이 미소를 지어 보이며 나에게 말했다.

"안 돼, 안 된다고! 내가 얼마 만에 자넬 찾아온 건데, 일단 이것부터 하고, 축제는 그러고 나서 생각하자고. 자, 『칼란다르』라고!"

내 말을 알아들었는지 미스트랄은 이내 단념하고는 운율을 맞춘 부드러운 목소리와 함께 한 손으로는 가볍게 무릎 박자를 쳐가며 제1장부터 읽기 시작했다.

"사랑에 온몸이 타오르는 처녀, 그녀의 슬픈 사랑을 이제는 노래할 수 있으리, 캇시스의 한 아들, 젊디젊은 고기잡이, 그리고 어린 새들의 노래……."

나는 테이블에 팔꿈치를 괴고서 눈물까지 글썽이며 프로방스의 슬픈 어부 이야기에 귀를 기울이고 있었다.


칼란다르는 일개 어부에 지나지 않았지만 그에게 찾아온 불같은 사랑 이야기는 그를 영웅으로 만들어 내기에 충분했다. 아름다운 에스테레르, 그녀의 마음을 차지하려는 그의 노력은 수많은 사랑의 기적으로 나타났다.

헤라클레스가 보였던 열두 가지 기적도 그의 것에 비한다면 한낱 미미한 것으로 생각될 만큼 칼란다르의 에스테레르에 대한 사랑은 실로 무한한 것이었다. 어떤 때는 재물로 그녀의 마음을 사보려고 고기를 낚는 새 기계를 발명해서 바다의 물고기를 모조리 항구로 가지고 돌아오는가 하면, 또 어떤 때는 오리우르 협도를 차지하고서 노획질을 일삼는 흉악한 강도 세베랑 백작을 잡아 가두기도 했다. 그의 활약상이 얼마나 당찬 것이었는지 인근 지방에서 젊은 칼란다르는 일약 쾌남아로 소문이 나게 되었다.

그는 또한 세인트 보옴에서 두 명의 목수를 만나기도 했다. 그들은 솔로몬의 신전을 세우는 데 중요한 역할을 담당했던 프로방스 건축계의 명장 중의 명장으로, 재크 선생의 무덤을 장식하는 일로 초청되어 콤파스를 휘두르며 서로의 실력을 정면 승부할 요량으로 만난 것이었다. 칼란다르는 그 두 사람의 팽팽한 싸움에 몸을 날린 것이었다. 그리고 조리 있고 분명한 설득으로 목수들을 타일러 화해를 시키는 데 성공을 거둔 것이다.

　　이 세상 사람으로는 할 수 없을 초인적인 그의 행적은 나를 감동시키기에 충분했다. 프로방스에서 제일 높은 산인 류르 바위산에는 사람의 손길이 닿지 않은 울창한 삼나무 숲이 있었다. 일찍이 어떤 유명한 나무꾼도 그 산 만큼은 올라가지 못했다는 숲이었다. 사랑을 얻기 위해 마침내 칼란다르는 그곳에 올랐다. 그리고 홀로 머물기를 한 달, 그 삼십 일 동안 산에서는 도끼로 나무 치는 소리만 들려올 뿐이었다. 밤낮으로 삼나무 숲은 비명을 질렀다. 한 그루, 또 한 그루, 아름드리 거목들이 칼란다르의 도끼에 찍혀 깊은 골짜기 아래로 굴러 떨어졌다. 그리고 마침내 칼란다르가 산에서 내려왔을 때는 그 울창했던 삼림엔 이미 단 한 그루의 삼나무도 남아 있지 않았다. 그

러한 숱한 기적의 대가로 젊고 힘센 어부는 에스테레르의 사랑을 얻었고, 캇시스의 시민들로부터 영사로 임명되기까지 했다.

　이것이 칼란다르의 이야기이다. 하지만 칼란다르가 다 무슨 소용이란 말인가. 무엇보다 이 남프랑스의 정수는 누가 뭐래도 이곳 프로방스일 것이다. 이곳의 역사와 풍습, 전설과 온갖 아름다운 풍광은 차치하고라도 도시의 멸망을 한 몸으로 막아낼 위대한 시인을 찾아낸 소박한 자유가 넘치는 프로방스. 이것을 알아야만 바다를 가진 프로방스, 산의 프로방스를 제대로 이해하는 것이리라. 이제는 철도를 건설한다, 전신주를 세운다, 학교에서는 프로방스어 쓰지 않기로 한다, 하는 일들로 정신없는 변화를 꾀하고 있지만, 프로방스는 영원히 '미레이유'와 '칼란다르'속에 면면히 살아 있을 것이다……

　문 밖에서 저녁 예배를 알리는 예비 종이 울리기 시작했고, 큰 불꽃이 광장 사방에서 타오르기 시작했으며, 피리들이 북소리에 맞춰 거리를 오가고, 카마르그에서 끌고 온 투우용 소가 경기장으로 들어가며 거친 울음소리를 연신 내지르고 있었다.

"자, 시 읽기는 이쯤 해두자고."

미스트랄이 노트를 덮으면서 말했다.

"축제를 보러 가세나."

우리는 밖으로 나왔다. 마을 사람들 모두가 길에 나와 있었다. 강한 북풍 한 줄기에 검은 구름은 걷혔고, 하늘은 비에 젖은 빨간 지붕 위에서 상쾌하게 빛나고 있었다.

우리는 행렬이 되돌아오는 것을 보기에 알맞은 시간에 거리로 나왔다. 실로 한 시간에 걸친 끝없는 긴 행렬이 이어지고 있었다. 하얗고 파란 옷을 입은 가톨릭 사람들과 더러는 회색 옷을 입은 평신도들, 미사포를 쓰고 그 뒤를 따르는 미혼의 처녀들, 금실로 장미꽃 수를 놓은 깃발, 금칠이 벗겨진 대 성인의 나무 조각상을 네 사람이 어깨에 나누어지고서 우리 앞을 지나갔다. 그 뒤를 따라 손에 커다랗고 화려한 꽃다발을 든 성모 마리아상, 법의, 성체, 흰 비단으로 수놓은 십자가, 이런 것들이 성가와 기도가 울려 퍼지는 가운데 큰 촛불의 행렬과 함께 물결치고 있었다.

행렬이 끝나고 성상이 성당 안의 제자리에 놓이자 우리는 다른 구경거리를 찾아 광장 쪽으로 갔다. 투우와 레슬링, 그밖에 프로방스 축제를 빛내는 숱한 구경거리들을 마음껏 즐겼다.

구경을 마친 우리가 마이얀느로 돌아왔을 때 날은 이미 저물어 있었다. 미스트랄이 친구인 지드르와 내기 카드를 하러 간다는 광장의 작은 카페 앞에는 여전히 축제의 불이 피워져 있었다. 군무가 막 시작되려 하고 있었다. 어두운 거리 곳곳에는 이미 등불이 밝혀졌고, 구경을 나온 사람들은 저마다 자리를 잡고 앉아 있었다. 이윽고 북소리를 신호로 불길 사이를 누비며 밤을 새워 함께 춤추는 축제가 시작되었다.

저녁 식사를 마친 우리는 이미 너무나 지쳐 더 이상 돌아다니는 것은 무리라고 판단하고 미스트랄의 방으로 올라갔다. 커다란 침대 두 개가 덩그마니 놓인 전형적인 농가의 검소한 방이었다. 벽지조차 바르지 않아 흙벽 그대로였고, 천장엔 서까래가 드러나 있었다.

사 년 전의 일이다. 아카데미에서 『미레이유』의 저자에게 삼천 프랑의 상금을 주었을 때 미스트랄의 어머니가 한 가지 제안을 했다.

"이 돈으로 네 방에 도배를 좀 하는 게 어떻겠니?"

"그건 안 됩니다, 어머니."

미스트랄은 더 들어볼 필요도 없다는 듯 단호하게 어머

니의 말을 잘랐다.

"이건 시인들을 위한 돈입니다. 다른 일에는 한 푼도 쓸 수가 없어요."

결국 그의 방은 흙벽인 채로 남겨졌다. 그리고 그를 찾는 사람들은 그의 지갑이 늘 기분 좋게 열려 있는 것을 보았다.

나는 『칼란다르』의 원고 노트를 다시 가지고 와서는 잠들기 전에 한 꼭지만 더 읽어달라고 부탁했다. 미스트랄은 '법랑 접시의 삽화'를 골랐다. 그 이야기를 간추리면 대강 다음과 같다.

큰 연회가 열렸다. 연회장 중앙 테이블에 법랑 자기 세트가 한 벌 진설되었다. 접시마다에는 프로방스를 주제로 한 아름다운 그림 한 점씩이 그려져 있었는데, 그렇게 한 벌의 자기 세트를 다 모아 보면 남 프랑스 프로방스의 전 역사를 아우를 수 있는 연작이었다. 더욱 주목할 것은 이 기막힌 자기에 그려져 있는 그림들 하나하나가 한눈에 보기에도 지극한 정성을 쏟은 작품이라는 것이다. 접시 한 장에 시 한 절, 즉 접시의 수와 똑같은 짤막한 시들이 마치 테오크리토스의 연작시처럼 소박하고 심오한 삽화와 함께 접시를 장식하고 있었다. 옛날 왕비들의 언어였다던 프로방스 고유어로 적힌 이 시들은, 이제는 이 지방의 전통을 잇고 있는 양치기들만이 이해할 수 있게 된 라틴어 그대로의 아름다운 운율을 담고 있었다.

미스트랄이 프로방스어로 시 하나하나를 읽어 주고 있는 동안, 나는 한없는 경외심으로 그를 바라보며 시를 감상하고 있었다. 그가 태어났을 무렵에는 이미 빈사상태에 놓였던 조국의 말과 그가 평생을 바쳐 일궈낸 시작 사업을 생각하며, 나는 한편으로 아르피유에 남아 있는 옛 보우 황족의 고색창연한 궁전을 상상하고 있었다.

지붕은 떨어져 내리고, 층계 난간도 부서진 지 오래며, 유리 없는 창과 녹슨 아치형의 발코니, 게다가 대문의 문장에는 이끼가 잔뜩 끼어 있다. 수탉이 궁전 뜰에서 먹이를 뒤지고 있고, 돼지가 복도의 수려한 기둥 밑에서 낮잠을 자고 있으며, 풀이 무성한 예배당에는 나귀 한 마리가 배를 깔고 누워 있다. 비둘기는 빗물이 고인 큰 성수반에 올라앉아 물을 마시고 있는가 하면, 이 폐허를 핑계 삼아 몇 세대의 농가가 옛 궁전 바로 옆에 오두막을 세우고 있다.

마침내 어느 날 한 농부의 아들이 이 위대한 궁전의 옛

날을 그리워하며 그렇게 폐허가 되어버린 뜰 앞에서 격하게 화를 내기 시작했다. 그는 한시도 지체하지 않고 가축을 몰아냈다. 그러고는 요정의 도움을 얻어 혼자 큰 계단을 다시 세우고는 군데군데 부서진 벽에 판자를 쳤다. 깨진 창틀에는 유리를 끼우고, 쓰러진 탑을 일으켰으며, 옥좌의 금박을 다시 입혀 화려했던 지난날의 웅장한 궁전을 일으켜 세웠다.

재건된 궁전, 프로방스의 고유어.

농군의 아들, 그는 다름 아닌 프레드릭, 미스트랄이다.

# 교황의 당나귀

프로방스의 농부들이 이야기를 풀어 가기 위해서 사용하는 재미있는 속담이나 격언 가운데에서 이렇듯 기막히고 색다른 것을 나는 알지 못한다.

풍차 방앗간 주위 일백오십 리 안에 사는 모든 사람들이 집념에 불타 복수를 말할 때 다짐하는 한마디가 있다.

"어디 두고 보자! 제대로 한 번 걷어차려고 칠 년 동안을 별러온 교황의 당나귀처럼 단단히 혼내줄 테다……!"

이 속담이 어디서 생겨났는지, 교황의 당나귀란 또 무엇인지, 그리고 칠 년간이나 벼르고 있던 걷어차기란 대체 무엇인지, 나는 꽤 오랫동안 생각해 보았다. 하지만 이 고장 사람 누구도 이 문제를 속 시원히 설명해 주는 이가 없었다. 심지어 프로방스의 옛날이야기라면 하나에서 열까지 알고 있는 피리 부는 노인 프랑세 마마이조차도 모른다고 도리질을 칠 정도였다. 그 역시 나처럼 아비뇽 지방과 연관된 얘기일 거라는 말만 되풀이할 뿐이었다.

"그 얘기의 진원을 찾으려면 시인들의 도서관에나 가야 할 게요."

피리 부는 노인이 웃으면서 말했다. 나는 딴은, 하고 생각했다. 시인들의 도서관이라면 바로 근처였기에, 작심한 나는 일주일쯤 그곳을 다녔다.

그곳은 참으로 놀라운 도서관이었다. 풍부한 자료와 읽을거리가 밤낮없이 시인들에게 개방되어 있었고, 늘 잔잔한 음악을 연주하는 가운데 친절한 도서관 직원이 갖가지 편리를 봐주었다.

나는 그곳에서 기분 좋은 며칠을 보내고 일주일 동안 연구한 결과 드디어 내가 바라는 그것, 즉 교황의 당나귀와 칠 년간이나 벼른다는 그 유명한 걷어차기의 내력을 찾아냈다. 단순하지만 재미가 있는 만큼, 읽은 대로 여기에 소개해볼까 한다.


교황이 재임 중인 아비뇽을 보지 못한 사람은 결국 아

무엇도 보지 못한 것과 같다. 명랑하고 힘찬 축제의 활기로 넘치는 도시, 분명 이곳과 견줄 도시는 없을 것이다. 아침부터 밤까지 행렬이다, 순례라는 이유로 거리는 온통 꽃에 파묻히고 도로도 마치 비단을 깔아놓은 듯한 곳, 어디에서고 긴 깃발이 바람에 나부끼고, 품격 높은 장식을 한 배를 타고 추기경들이 쉴 새 없이 로느 강을 오르내린다.

광장은 라틴어 노래를 부르는 교황의 병사들과 함께 자선금을 모으는 수도사들의 경문 소리로 가득했다. 둥지를 둘러싸고 날아드는 벌 떼처럼 옹기종기 모여 있는 교황 궁전 주위의 집집마다에는 직공들의 공구 소리, 예복의 금실을 짜는 베틀 소리, 술병에 조각을 하는 사람들의 끌 소리, 악기 만드는 집에서 조율을 위해 일정한 간격으로 두들기는 음향판 소리, 찬송가 소리, 그 모든 소리들을 감싸는 듯한 교회의 종소리와 다리 근처에서 연거푸 울려대는 탬버린 소리로 가득하다.

이곳에 그런 다양한 소리들이 존재하는 것이 당연한 것은, 무릇 사람들이 만족감을 느꼈을 때 가장 먼저 생각하는 것이 바로 춤을 추는 일이고, 또 춤추는 것 말고 그 기쁨을 감당할 수 있는 다른 마땅한 일도 없기 때문이다.

그리고 이 시절에는 거리의 폭이 지금보다 훨씬 좁았기 때문에 사람들이 한데 모여 군무를 출 수 없었다. 그래서 피리와 탬버린 소리에 맞춰 이 아비뇽의 다리 위와 산들바람이 부는 로느 강기슭으로 모여들어 밤낮없이 춤을 추게 된 것이다. 아아, 즐거운 시절! 즐거운 거리! 사슬이 달린 창은 찌를 것이 없었고, 감옥은 포도주 저장창고가 되었다. 기근이 없고 전쟁도 없었으니 교황은 백성 다스리는 비법을 잘 알고 있었다. 그래서 뭇 백성들도 한마음으로 교황을 따랐던 것이다.

그 중에서도 한 사람, 보니파스라는 늙은 교황이 있었다. 아아, 그가 죽자 아비뇽에서는 이 교황을 위해 그 얼마나 많은 눈물을 흘렸는지 모른다. 참으로 친절하고 자애가 넘치는 군주, 나귀 잔등에 올라 앉아 백성들에게 흠뻑 미소를 보내 주었다. 그 어느 누가 교황에게 다가가도, 설령 그가 백정이건 정부의 사법관이건 마음을 다하여 축복 기도를 해 주었다. 전설적인 자애의 교황 이브토우에 견줄 수 있는 진정 프로방스의 이브토우로 추앙을 받는 분이었다. 그의 웃는 얼굴에는 기품이 있었고, 삼각형의 교황 모자에는 늘 마요라나 가지 하나를 꽂고 다녔으며, 이브토우의 애인이라고 일컬어지는 쟌느통과 같은 여자는 찾아볼래야 찾을 수 없는 그런 인자하고 선량한 교황이었다.

이 선량한 교황에게 이제껏 알려진 유일한 쟌느통이라면, 아비뇽에서 삼십 리쯤 떨어져 있는 샤토 누프의 밀트 숲에 있는, 그가 손수 만든 작은 포도원이다. 매 주일 미사를 끝내고 이 훌륭한 분은 그곳으로 가곤 했다. 당나귀를 곁에 두고 양지바른 곳에 앉아 추기경들을 둘러서게 한 다음 교황은 이곳에서 만든 포도주 병마개를 따게 했다. 루비 색이 감도는 아름다운 빛깔의 이 기막힌 포도주는 그 뒤로 교황의 샤토 누프라고 불리게 되었다.

교황은 사랑스러운 얼굴로 포도원을 바라보면서 홀짝홀짝 포도주를 마셨다. 이윽고 병이 비고 날이 저물면 일행은 푸근해진 마음으로 궁전으로 돌아왔다. 아비뇽의 다리 위, 북 장단에 맞춰 신명나는 백성들의 군무를 지날 때면 음악소리에 흥이 난 당나귀가 껑충껑충 뛰기 시작한다. 그러면 이내 교황 자신도 삼각 교황 모자를 벗어던지고는 춤을 추었다. 추기경들이 눈살을 찌푸리며 만류했지만, 백성들은 입을 모아 교황을 칭송했다.

"오오, 자애로운 주군이시여! 정말 좋으신 교황님이십니다!"

샤토 누프의 포도원 다음으로 교황이 아끼는 것은 바로 자신을 태우고 다니는 당나귀였다. 그는 이 동물에 열중해 있었다. 잠자리에 들기 전인 매일 밤이면 마구간의 문이 단단히 잠겨 있는지, 먹이통의 먹이가 부족하지 않은지 직접 보러 갔다. 그리고 매번 식사를 끝내고 나면 반드시 설탕이나 향료를 잔뜩 섞은 포도주를 그릇 가득히 부어서는, 역시 추기경들의 반대에도 불구하고 직접 당나귀에게 가져갔다.

비록 사람들이 하찮게 여기는 당나귀였지만, 그놈만큼은 그만한 값어치가 있는 게 사실이었다. 붉은 반점이 군데군데 섞인 검은 나귀로, 발은 튼튼했고 털은 빛났으며 엉덩이는 보기 좋게 살이 올라 있었다. 몸 전체를 장식한 화려한 수술과 매듭 장식, 짧지만 건강해 보이는 목을 꼿꼿이 세우고 천사처럼 순수해 보이는 눈동자는 항상 이슬을 머금은 듯 빛나고 있었으며, 긴 귀를 쫑긋거리고 가만히 서 있는 자태는 영락없이 순진한 어린아이 같았다.

존경하는 교황께서 그토록 극진하게 아낀다는 소문이 퍼지자 아비뇽의 시민들까지도 이 당나귀를 존경하기 시작했고, 길을 갈 때는 온갖 경배를 올렸다. 그도 그럴 것이 교황의 마음에 들게 하는 가장 좋은 방법 중의 하나가 바로 이 당나귀 경배였기 때문이었다. 티스테 베데누로 대표되는, 교황의 당나귀가 시침 뚝 떼고 출세시킨 자가 한두 사람이 아님을 잘 알고 있었기 때문이다.

이 티스테 베데누는 원래 불량스러운 망나니였다. 아무 일도 하지 않고 빈둥거리면서 제자들을 충동질하는 바람에 금 조각사로 평생을 살아온 아버지 기 베데누는 부자의 인연을 끊고 그를 집에서 쫓아내고 말았다.

그 후 반 년 동안 티스테는 아비뇽의 온갖 타락한 장소에서 늘 눈에 띠었고, 또 가끔은 교황청 근처를 어슬렁거리기도 했다. 그가 교황청 근처를 배회하는 데는 이유가 있었다. 예전부터 교황의 당나귀에 대해 어떤 계략을 가지고 있었기 때문이었는데, 그게 얼마나 고약한 것이었는지는 이제 금방 알게 될 것이다.

어느 날 교황은 오직 혼자 당나귀를 타고서 성벽을 따라 산책하고 있었다. 길목을 지키고 기다리고 있던 티스테가 교황 앞으로 썩 나섰다. 그러고는 참으로 감동했다는 듯 공손히 손을 모으고 이렇게 말했다.

"아아, 교황님, 정말 훌륭한 당나귀를 갖고 계시는군요. 잠시 좀 살펴봐도 되겠습니까? 아아, 정말 훌륭한 당나귀구나! 독일의 황제도 이런 당나귀는 갖고 있지 못할 것입니다!"

그러고는 당나귀를 쓰다듬으며 마치 아름다운 처녀에게라도 말을 건네듯 했다.

"자아, 이리 와 봐요, 나의 보석, 보물, 아름다운 진주……."

사람 좋은 교황은 감동하고 있었다.

'흐음…… 가상한 젊은이로군. 내 당나귀에게 그야말로 진심으로 경배하고 있는걸…….'

그 다음날 무슨 일이 있어났을까? 티스테 베데누는 낡고 누런 자기의 웃옷을 벗어던진 뒤 레이스가 아름다운 사제복으로 갈아입고는 반짝거리는 구두를 신고서 교황청의 성가대 자리에 앉게 되었다. 그전까지는 귀족의 자제나 추기경의 친척이 아니고는 절대로 들어갈 수 없었던 자리로. 이 모두가 그의 간교한 계략이었던 것이다.

그런데 티스테는 그것만으로는 결코 만족할 수가 없었다. 일단 교황을 섬기기 시작하자 그는 자기의 계책을 계속 실천에 옮겼다. 모든 사람에게 거만하게 굴었고, 당나귀 말고는 그 누구에게도 자선이나 친절을 보이지 않았다. 그러는 사이 교황은 차츰 기력이 떨어졌고, 마구간을 살피는 일이나 포도주를 당나귀에게 갖다 주는 일도 마침내 티스테에게 맡기게 되었다. 이것은 추기경들에게도, 당나귀에게도 결코 기쁜 일이 아니었다.

이제 포도주 주는 시간이 되면 언제나 대여섯 명의 성가대 장난꾸러기들이 먼저 도착해 재빨리 짚 속으로 숨어들었다. 잠시 후, 설탕과 향료의 따뜻하고 맛깔스러운 냄새가 마구간에 풍기기 시작하면 예의 티스테 베데누가 포도주 그릇을 들고 나타났다. 그리고 이 가엾은 동물의 수난이 시작되는 것이다.

몸을 따스하게 해주고 힘을 주는 당나귀가 제일 좋아하는 이 향기로운 포도주를, 잔혹하게도 당나귀 먹이통 앞까지 가지고 와서 냄새를 맡게 하는 것이다. 그리고 콧구멍을 잔뜩 벌름거리게 하고는 정작 장밋빛으로 불타는 아름다운 술은 모조리 그 장난꾸러기들 목구멍으로 들어가 버리고 말았다.

술만 훔쳐 먹는 것이면 그나마 다행이었다. 그릇째 술을 비우고 난 녀석들은 악마처럼 돌변하여 하나는 귀를, 또 한 녀석은 꼬리를, 하나는 등에, 그리고 또 한 놈은 짓궂게 삼각 모자를 눌러 씌웠다.

그러나 장난꾸러기들은 정작 당나귀가 허리를 한 번 흔들어대거나, 발로 한 번 걷어차거나 하는 것만으로도 자신들을 모조리 북극성보다도 더 멀리 보내 버릴 수 있다는 사실은 전혀 생각조차 못하고 있었다. 하기는 어찌 생각이나 해볼 수 있을까, 교황의 당나귀란 그저 자비롭고 관대한 짐승이라고만 소문이 나 있었으니……. 당나귀는 악동들이 무슨 짓을 해도 화를 내지 않았다. 다만 티스테 베데누에게만은 원한을 품고 있었다. 엉덩이 뒤쪽에 그가 서 있을 때면 당나귀는 발굽이 근질근질했다. 그래도 당나귀는 마음을 꾹 누르고 가까스로 참아냈다.

망나니 티스테는 술을 마시기만 하면 특유의 잔혹한 놀이를 생각해내곤 했다. 어느 날 그는 또 하나의 기막힌 장난거리를 생각해냈다. 성가대실과 연결된 종탑, 교황청에서 가장 높은 궁전 꼭대기로 당나귀를 끌고 올라간 것이다. 이것은 결코 내가 꾸며내는 이야기가 아니라 무려 이십만이나 되는 프로방스 사람들이 직접 목격한 장면이다. 가엾은 당나귀와 그때의 공포! 나선형 층계를 한 시간이나 마구 돌아다니며 수없이 많은 층계를 기어오른 끝에 햇빛 눈부신 발코니로 갔을 때, 일천 피트나 되는 까마득한 발밑으로 성냥갑만 해진 아비뇽 시가, 나무 열매만한 크기의 조그만 시장, 빨간 개미처럼 병영 앞에 늘어 서 있는 교황의 병사들, 또한 저 멀리 사람들이 춤추는 작은 다리를 보았을 때의 그 황당한 공포심이란.

아아, 가엾은 당나귀, 얼마나 놀랐을까! 당나귀의 단말마적인 비명에 궁전 유리창이 모조리 울렸다.

"무슨 일이냐? 당나귀가 어떻게 됐길래?"

선량한 교황이 깜짝 놀라 밖으로 뛰어나와 소리쳤다. 티스테 베데누는 이미 광장에 나와 있었고, 머리칼을 마구 쥐어뜯으면서 울먹이는 소리로 말했다.

"아아, 교황님! 실은 교황님의 당나귀가……. 이를 어쩌면 좋습니까? 당나귀가 종탑으로 올라가 버렸습니다."

"혼자서 말이냐?"

"네, 교황님, 혼자서요. 저길 보십시오. 저 높은 곳에 귀 끝이 삐져나와 있는 것이 보이십니까? 마치 두 마리 제비 같은 것이……."

"큰일 났군, 큰일 났어!"

아무것도 모른 채 티스테의 말만 믿은 딱한 교황이 올려다보면서 말했다.

"아무래도 미쳤나 보군! 죽을지도 모르겠어. 어서 내려와라, 가엾은 녀석……."

가엾은 당나귀 역시 얼마나 내려오고 싶었을까. 그러나 어디로, 어떻게? 층계는 생각조차 할 수 없는 일이었다. 올라가는 것은 그런대로 괜찮았어도 거꾸로 내려가다 보면 다리는 백 번도 더 부러질 게 뻔한 일이었다. 생각이 여기에 이르자 당나귀는 힘이 빠졌고 연달아 현기증이 나는 큰 눈으로 발코니를 방황하면서 티스테 베데누를 생각했다.

'이 악당 놈! 여기서 살아 내려가기만 해봐라……! 숨통을 끊어놓을 만큼 세게 걷어차 주마……!'

걷어찰 생각을 하니 배에 힘이 생겼다. 그렇지 않았다면 도저히 지탱할 수 없었을 것이다. 당나귀는 간신히 끌어내려졌다. 기중기와 밧줄로 내려지는 당나귀의 모습은 참으로 가엾음 그 자체였다. 실 끝에 매달린 풍뎅이처럼 네 다리를 허공에서 바둥거리며 내려오는 그 꼴이라니, 그런 몰골을 보이게 된 교황의 당나귀로서는 그런 치욕을 잊을 수 없었다. 게다가 아비뇽 시민들이 모두들 지켜보는 가운데 내려지고 있었으니 말이다.

가엾은 당나귀는 그날 밤 잠을 자지 못했다. 발밑에서 들리는 티스테의 웃음소리가 저주스러운 발코니를 언제까지나 빙빙 돌고 있는 것 같은 생각이 들었기 때문이었다. 당나귀는 그 비열한 티스테 베데누를 이튿날 아침 걷어찰 생각만 했다.

마구간에서 이런 계획이 진행되고 있는 동안, 티스테 베데누는 무엇을 하고 있었을까? 그는 젊은 귀족 자제들과 함께 교황이 내어준 배를 타고 노래를 부르면서 로느강을 내려가 나폴리의 궁전으로 가고 있었다. 이는 외교술과 궁중 예절 수업을 위해 해마다 귀족들의 자제들을 뽑아 나폴리의 잔느 여왕에게 연수를 받게끔 하는 관습이었다. 물론 티스테는 귀족이 아니었다.

그런데도 교황은 그가 당나귀를 성심껏 보살핀 것과 특히 당나귀를 구조한 공로를 치하하기 위해 선발한 것이었다.

이튿날 낙심천만한 것은 당나귀였다.

"악당 놈! 뭔가 눈치를 챈 모양이군!"

방울을 신경질적으로 흔들어대면서 당나귀는 생각했다.

'좋다, 그렇다면 기다리지! 돌아오면 걷어찰 테다. 그때까지 기다리는 거야……!'

티스테가 떠나가 버리자 교황의 당나귀는 평온한 마음과 이전의 생활을 되찾았다. 이제 장난꾸러기들도 마구간을 찾지 않았다. 포도주에 흠뻑 취하는 즐거운 나날이 다시금 돌아왔고, 한가롭고 달콤한 낮잠과 아비뇽 다리

를 건널 때 음악에 장단을 맞추는 유쾌한 산책도 다시 즐길 수 있게 되었다.

그러나 그 사건 뒤로 사람들은 당나귀에게 냉담한 태도를 보였다. 거리에서는 수군거리는 소리가 들려왔고, 노인들은 머리를 가로저었으며, 아이들은 탑을 가리키며 자기들끼리 숨죽여 웃었다. 이렇게 되자 사람 좋은 교황마저도 단짝 친구인 당나귀에게 전 같은 사랑을 쏟지 않게 되었다. 주일 미사 후의 포도원 나들이에서도 나귀 등에 탄 교황은 이런 생각을 하곤 했다.

'잠이 깼을 때 이 나귀와 함께 종탑 발코니에 있게 되는 건 아닐까……?'

당나귀로서도 환경과 시선의 변화를 모를 리 없었다. 너무도 잘 알고 있었지만, 나귀는 아무 내색도 하지 않고 묵묵히 참아냈다. 복수심에 불타 이를 갈면서도 다만 티스테 베데누의 이름을 되뇌며 발굽을 새로 갈곤 했다.

이렇게 칠 년 세월이 지났다. 그리고 나폴리로 연수를 갔던 티스테 베데누도 돌아왔다. 아직 연수 기간이 얼마간 남아 있었는데, 교황의 근시장이 갑자기 죽었다는 소식을 듣고 그 자리가 탐이 나 후보로 나서기 위해 서둘러 돌아왔던 것이다. 이 속 검은 베테누가 궁전에 혼자 돌아왔을 때 교황은 그를 알아보지 못했다. 그만큼 그는 키가 크고 덩치도 커진 것이다. 게다가 교황은 나이를 먹어 눈이 잘 보이지 않았다.

티스테가 태연한 얼굴로 교황에게 인사를 올렸다.

"교황님, 저를 모르시겠습니까? 티스테 베데누입니다."

"베데누라고?"

"그렇습니다. 칠 년 전까지 교황님의 당나귀에게 포도주를 갖다 주던 바로 티스테이옵니다."

"오오, 그렇구나. 암, 기억하고말고. 참으로 귀여운 애였어. 그 티스테 베데누, 그래 무엇을 바라느냐?"

"그건 어떻든, 당나귀는 여전히 데리고 계십니까? 잘 있습니까? 네, 그것 참 기쁜 일이군요. 저도 어서 가서 당나귀를 만나보고 싶습니다……. 그리고 실은 교황님, 소원이 하나 있사온데, 저는 얼마 전에 죽은 근시장 자리를 부탁드리려고 왔습니다."

"근시장? 네가 말이냐? 너는 아직 너무 어리다. 대체 몇 살이지?"

"스무 살 하고도 두 달 됐습니다. 교황님, 당나귀보다 다섯 달이나 더 많습니다. 아아, 정말 좋은 당나귀였습지요. 제가 얼마나 그 당나귀를 사랑했는지 모릅니다. 이탈리아에서도 그를 얼마나 생각하고 그리워했는지 모른답니다. 교황님, 당나귀를 만나게 해주시겠습니까?"

"암, 좋고말고. 만나보도록 해라."

사람 좋은 교황은 티스테의 교언에 대단히 감동하여 대답했다.

"녀석을 그렇게까지 귀여워해 주니 참으로 가상하구나. 그렇다면 나 역시 너를 그놈에게서 떼어놓고 싶지 않다. 오늘부터 근시장 자격으로 너를 내 곁에 놓아두련다. 추기경들이 이러쿵저러쿵 골치 아프게 굴 테지만 하는 수 없지. 그런 일엔 나도 이미 익숙해져 있으니까. 마침 내일이 주일이니 미사가 끝나거든 나를 찾아오너라. 사제들 앞에서 임명장을 수여하마. 그리고 너를 당나귀에게 데리고 가 만나게 해주겠다. 기쁜 날이 될 터이니, 다함께 포도원으로 산책을 가자꾸나. 하하하! 되었느니라, 그만 물러가도록 해라."

궁전을 빠져나오면서 티스테 베데누가 얼마나 기뻐 날뛰었는지, 그리고 얼마나 이튿날의 예식을 기다렸는지는 새삼 말할 필요가 없을 것이다. 그러나 궁 안에는 그보다 더 좋아하고 있는, 그리고 다음날을 학수고대하며 기다리고 있는 자가 있었다. 다름 아닌 당나귀였다.

베데누가 돌아온 이튿날 미사가 끝날 때까지 이 '복수'
의 동물은 끊임없이 먹이를 먹어대며 발굽으로 벽을 걷어
차는 연습을 계속했다.

이튿날 미사가 끝나자 티스테 베데누는 교황궁 뜰로 들
어왔다. 그곳엔 이미 사제들이 줄지어 늘어서 있었다.

빨간 옷의 추기경, 작은 승모를 쓴 수도원장, 성 아그리
코 성당의 신자 회장, 보라색 가운을 입은 성가대, 그리
고 여러 젊은 신부들, 그 주위를 경비하고 서 있는 교황의
병사들, 세 무리의 수도회원들, 젊은 수도사들, 성수를
들고 있는 사람, 촛불을 들고 있는 어린 복사들에 이르기
까지 교황 사람들은 한 사람도 빠진 사람이 없었다.

아아, 화려한 임명식이다! 종소리, 폭죽 소리, 불꽃, 그
리고 음악, 저편 아비뇽 다리 위에서 춤에 맞추어 튕기는
탬버린 소리…….

베데누가 그들 한가운데로 모습을 드러냈을 때 그 위엄
과 씩씩한 얼굴은 찬탄의 속삭임을 자아내게 했다. 실로
당당하기 그지없는 프로방스의 사나이, 그는 멋스럽게 구
불거리는 갈색 머리카락과 금 조각사인 아버지가 만들어
붙인 것 같은 멋진 수염을 하고 있었다. 이미 그에게는 쟌

느 여왕의 부드러운 손길이 그의 갈색 머리와 수염을 수없이 쓰다듬었다는 소문이 파다했고, 그와 아울러 나폴리 뭇 여성들의 사랑을 한 몸에 받았다는 소문도 있었다. 그는 이날 국가에 경의를 표하는 뜻으로 프로방스 전통의상을 입었고, 모자에도 카마르그 산 새 깃을 꽂고 있었다.

새로 근시장에 임명된 티스테는 근엄하게 절을 하고는 높은 층계 쪽으로 천천히 걸음을 옮겼다. 그곳에 교황과 그에게 수여될 계급의 표장, 즉 황색 수저와 푸른 제복이 기다리고 있었다. 당나귀는 층계 밑에 있었고, 포도원으로 떠날 채비도 다 갖춘 상태였다.

티스테 베데누는 그 곁을 지나가면서 나귀에게 싱긋 웃어 보이며 교황이 보고 있는지 어떤지 곁눈질을 했다. 그러고는 잠시 멈추어 정답기 그지없는 표정으로 나귀 등을 두어 번 두드려 주었다.

절호의 기회다! 거리도 그만큼이면 아주 알맞았다. 당나귀는 펄쩍 뛰어오르며 뒷다리에 있는 힘을 다 모았다.

"자아, 먹어라! 이 저주할 악당 놈아! 이 순간을 기다리느라 무려 칠 년 세월을 기다리고 있었다……!"

당나귀는 힘껏 걷어찼다. 얼마나 힘껏 걷어찼는지 팡베리구스트에서도 그 흙먼지를 볼 수 있었다. 누런 먼지 사이로 새 깃털 하나가 펄럭였다고 한다. 이것이 가엾은 티스테 베데누의 유일한 유품으로 남게 되었다고 한다.

　당나귀의 뒷발질은 사실 이렇게까지 가공할 무기가 되지는 않는다. 하지만 녀석은 교황의 당나귀인 것이다. 게다가 칠년 동안이나 이를 갈며 복수의 순간을 기다린 것은 가히 한 사람의 숨을 끊어 놓을 만큼의 엄청난 파괴력을 지닐 수 있는 것이다. 증오의 선물, 원한을 갚으려 세월을 기다리는 표현에 이만한 사례가 또 어디 있을까…….

# 밀감

　파리에서 밀감은 나무 밑에 보잘것없이 떨어져 있는 과일을 주워온 것 같은 푸대접을 받기 쉽다. 자주 비가 내리는 추운 겨울에 파리로 들어온 밀감은, 음식 맛에 예민한 이 지방 사람들에게는 밀감의 빛나는 껍질이나 강한 냄새 탓에 약간 보헤미안적인 정취를 자아낸다.

　안개가 짙은 밤, 밀감은 작은 손수레에 실려 빨간 등불의 어렴풋한 빛을 받으며 슬픈 듯 인도로 내어진다. 밀감 장수는 수레바퀴에 허리를 바짝 붙이고는 지나는 마차의 소음에 질세라 단조로우면서도 날카로운 목소리로 외쳐댄다.

　"바랑스 밀감이 있어요, 밀감이요, 밀감!"

그러나 파리 사람들의 눈에 밀감은 그저 먼 곳에서 따온 평범한 당과류로만 여겨질 뿐이다. 꼭지를 갓 딴 흔적만 남아 있는 이 과일이 그런 인상을 가지게 만드는 것은 포장 자체가 늘 얇은 종이에 싸여 있거나 축제 때에 맞춰 대량으로 반입되기 때문이다. 특히 정월이 다가오면, 길바닥에 버려진 곯아터진 밀감이나, 도랑 속에 버려진 껍질들이, 마치 파리라는 큰 크리스마스트리를 장식하는 인조 과일처럼 보이는 때문이기도 하다.

어딜 가나 밀감 천지이다. 그만큼 흔하디흔한 과일인 것이다. 밝은 진열장에는 일등품 밀감들이 먹음직스러운 자태를 뽐내며 주인을 기다리고 있고, 감옥이나 병원 문 앞에는 비스킷 상자와 사과 더미 사이에서 얼굴을 드러내고 있으며, 또한 무도회나 일요일의 대형 오락장 앞에서도 여지없이 입구를 장식하고 있다. 그리고 그 독특한 향은 안타깝게도 도시를 오염시키는 가스 냄새나 이제 막 배우기 시작한 학생의 어설픈 바이올린 소리, 오락장 입구를 오가는 사람들이 일으키는 먼지와 뒤섞여버린다.

이쯤 되면 밀감을 수확하기 위해서는 밀감 나무가 있어야 한다는 사실 따위는 아예 잊혀져버리고 만다. 그도 그럴 것이 밀감이 상자에 잔뜩 담겨져 남부지방에서 파리까

지 도착할 무렵이면 이미 농장의 밀감 나무는 가지치기를 당한 뒤이고, 다음 해의 농사를 위해 얼마 동안 온실 포장을 걷어놓은 채로 겨울철 공기에 노출되어 있는 기간이기 때문이다.

밀감이라는 것이 우리의 입까지 오기 위해 어떤 과정을 거쳐야 하는지 정확히 이해하려면, 금빛으로 빛나는 푸른 하늘과 부드러운 공기가 상쾌한 지중해의 바레얼 군도나 사르지니아 해안, 아니면 코르시카 섬, 알제리아 같은 원산지로 가서 살펴보지 않으면 안 된다.

나는 알제리의 조그만 마을인 블리다의 밀감 숲을 알고 있다. 밀감 숲이 아름답기는 거기만한 곳이 없다. 윤기가 흐르는 잎과 잎 사이에서 밀감은 색유리처럼 빛났고, 화사한 꽃을 둘러싼 후광은 주위를 눈부시게 빛내고 있다. 이파리와 가지 사이 틈으로 이 작은 마을의 성벽과 회교 사원의 탑, 그리고 지금은 비어 있는 작은 성당의 둥근 지붕이 보이고, 그 위쪽으로는 상록수림이 펼쳐져 있고, 꼭대기에는 곱슬곱슬한 모피 같은, 갓 내린 눈으로 덮인 아틀라스의 만년설이 있다.

그곳에서 머물던 어느 날, 삼십 년 만에 찾아왔다는 추위로 블리다는 진귀한 광경에 휩싸였다. 주위로 보이는 세상이 온통 눈으로 뒤덮인 것이다. 그 선명하고 맑은 알제리의 풍광 속에서 눈은 진주 가루처럼 흩날렸고, 흰 공작새의 날개처럼 눈부셨다. 가장 인상 깊은 것은 단연 밀감 숲이었다.

두껍고 단단한 나뭇잎은 래커 칠을 한 접시 위의 얼음 과자처럼 눈을 그대로 떠받치고 있었고, 과실은 하나같이 눈가루를 맞아 엷고 흰 천에 싸인 금처럼 아름답고 부드러운 빛을 발산했다. 마치 교회의 축제에서 쓰는 얇은 비단옷 밑에 입은 빨간 제의나 투명한 레이스로 감싼 제단의 금 같은 느낌이다.

그러나 가장 깊은 밀감의 추억은 역시 바르비카글리아의 추억이다. 그곳은 한낮의 무더위를 피해 낮잠을 청하려고 찾아간 아쟈크시오 만 근처의 커다란 정원이다.

이곳의 밀감나무는 블리다보다도 훨씬 오래된 것들이어서 그 가지와 이파리들이 길 위까지 뻗쳐 있었다. 뜰과 길은 울타리와 배수구의 형식적인 구분만 있을 뿐, 밀감 숲 바로 뒤부터 망망한 바다가 펼쳐져 있었다. 나는 그 뜰에서 얼마나 쾌적한 시간을 보냈는지 모른다.

머리 위엔 꽃이 피어 있고, 한창 영글어 가는 열매를 단 나무 밑으로는 밀감의 독특한 향이 코를 찔렀다. 이따금 무심하게 농익은 밀감이 더위에 지쳐 누워 있는 내 옆으로 둔탁한 소리와 함께 떨어지곤 했다.

그저 손을 뻗치기만 하면 된다. 안이 새빨갛게 익은 기막힌 과일, 맛있어 보인다. 전망 또한 기막히다. 나뭇잎 사이로 하얀 포말로 부서지는 바다가 공기 속에서 반짝이는 유리 조각처럼 눈부시게 빛난다. 눈에 보이지 않는 배를 타고 있는 것처럼 몸을 흔드는 바닷바람의 속삭임, 더위, 밀감 내음……. 아아, 바르비카글리아의 정원에서 낮잠을 즐기는 기분은 어느 피서와도 바꿀 수 없을 만큼 황홀한 것이다.

그러나 기분 좋은 낮잠을 즐기다가도 가끔 북소리에 놀라 잠을 깨곤 했다. 산 밑 오솔길 숲으로 연습을 오는 고약한 북쟁이들, 울타리 틈으로 북이며 빨간 바지를 덮은 흰 겉옷들이 보인다. 길 위로 내리쬐는 햇빛과 먼지를 피해 인적 없는 숲으로 잠시 찾아온 휴식객들이다.

더위를 피한 그들은 다시 북채를 잡는다. 잠자기를 포기한 나는 억지로 졸음을 몰아내면서 손닿는 곳에 떨어져 있는 황금색 열매를 몇 개 집어 그들에게 던진다. 밀감을 맞은 북잽이는 두드리는 것을 멈추고 고개를 돌려 좌우를 살핀다. 그러다가 서둘러 밀감을 주워 껍질도 벗기지 않고 먹어치운다.

나는 아직도 바르비카글리아의 내가 있던 언덕 아래쪽에 낮은 담장이 경계를 이루고 있는 좀 색다른 정원이 있었던 것을 기억하고 있다.

이 조용한 모퉁이는 제법 풍광이 그럴싸했다. 녹색의 진한 회양목 옆으로 늘어서 있는 모래 오솔길이며, 입구에 있는 두 그루의 큰 삼나무는 마르세유 근처 시골집 같은 아늑한 정취를 풍기고 있었다. 안쪽으로 흰색 석조 저택이 서 있었고, 땅바닥과 맞닿은 곳에 지하실 창문이 있었다. 그리고 평소에는 사람 그림자 하나 찾을 수 없었다. 처음엔 나도 어느 집 별장이겠거니 하고 생각했었는데, 자세히 보니 지붕에 십자가가 있고, 글씨는 읽을 수 없지만 돌에 새겨진 비명으로 보아 코르시카의 어느 가족 묘지라는 것을 알 수 있었다.

아쟈크시오 지방에는 이렇게 작은 뜰을 가지고 있는 가족 묘지가 더러 있었다. 일요일이면 가족과 자손들이 그곳으로 죽은 이를 추모하러 오곤 했는데, 이런 장면들을 가만히 지켜보자면 죽음이라는 것이 결코 단절의 슬픔만은 아니라는 생각이 들었다. 단지 그곳을 찾는 가족이나 친지들의 유별난 발소리만이 태고의 침묵을 깨뜨리

는 것이다.

나는 마침 그 정원에서 사람 좋아 보이는 노인 하나가 오솔길을 향해 조용히 걷고 있는 것을 보았다. 그는 종일 토록 세심한 주의를 기울여 나뭇가지를 자르거나, 괭이질을 하거나, 물을 주거나, 시든 꽃을 땄다. 그는 또 괭이와 갈퀴, 양동이 따위를 가만가만 치웠다. 그는 행동 하나하나까지도 묘지기답게 조용하고 차분했다. 자신은 의식하지 못하겠지만, 지켜보는 나로서는 마치 기도하는 것 같은 심정으로 일하는 것처럼 보였다. 저녁때가 되자 묘지기는 죽은 이들이 깊이 잠들어 있을 작은 예배당으로 조용히 들어갔다. 그들의 깊은 영면을 방해하지 않으려는 듯 그는 모든 소리를 죽였고, 묘지의 문은 하나하나 살며시 닫혔다.

빛나는 깊은 침묵 속에서 이 작은 뜰의 손질은 한 마리 새조차도 위협하는 일이 없었고, 주위에는 아무런 슬픈 일도 생기지 않았다. 다만 바다는 이 고요함 하나로 더욱 넓게 느껴졌고, 하늘은 더욱 높았다. 그리고 넘치는 생동감에 짓눌려 버릴 것 같은 자연 속에서 가끔씩 이루어지는 나의 낮잠은 자연에게 오히려 휴식을 가르쳐주는 역설적인 교훈이라는 느낌이 들었다.

# 세 번의 노래 미사

"버섯을 넣은 칠면조가 두 마리라고, 갈리그……?"

"네, 신부님, 버섯을 잔뜩 넣은 기막힌 칠면조가 두 마리였어요. 제가 넣는 걸 거들었으니 조금은 아는데요. 불에 굽는 동안 껍질이 터지지 않을까 걱정될 정도로 팽팽했습니다요."

"그래? 버섯, 좋지! 버섯 칠면조라……. 갈리그, 어서 법의를 가져 와. 그리고 칠면조 말고 또 뭐가 있었지?"

"오오, 맛있는 것투성이랍니다. 한낮부터 꿩, 닭, 뇌조, 야생 닭의 깃털만 벗기고 있었지요, 주위가 온통 깃털 투성이였답니다. 그밖에도 연못에서 잡아온 뱀장어며, 금빛 잉어, 그리고 은어……."

"얼마만 한 크기였지, 그 은어는?"

"이렇게 큰 놈이었습니다요. 신부님. 정말 기막히게 살이 오른 놈이었어요."

"눈에 선한걸……. 좋아. 아참, 보혈 술은 넣었느냐?"

"네, 넣었습니다. 하지만 자정 미사 후에 드시게 될 술들은 정말 굉장할 거예요. 성문 안 식당에서 준비한 알록달록한 술병을 신부님께서도 보셨다면……. 게다가 은접시와 아름다운 조각이 새겨진 큰 쟁반, 꽃 장식이 달린 촛대! 오늘 같은 크리스마스 자정 미사의 만찬은 다시 만나기 힘드실 겁니다. 후작님이 근처 명사들을 모두 초대하셨지요. 대법관과 공중인말고도 적어도 사오십 명은 초대되었을 거니까요……. 아아, 신부님, 우리 신부님도 그 사람들 중의 한 분이시라니, 이 얼마나 행복한 일입니까! 그 기막힌 칠면조를, 그저 냄새만 맡았을 뿐인데도 지금까지 코끝에서 진동하는 그 기막힌 요리들……. 흠, 정말 기막힌 냄새랍니다."

"자아, 큰 미사를 앞에 두고 먹는 얘기는 이제 그만. 얼른 가서 첫 번째 예비 종을 치고 와요. 자정이면 얼마 안 남았으니 얼른 서둘러야겠어."

이 대화는 서기 1천6백 몇 년인가의 크리스마스 자정

대미사를 앞두고 바르나비트 수도원 소속이며, 지금은 트랑크라쥐 영주들의 휘하에 있는 성당 주임 신부인 바라게르 신부와 그의 젊은 복사 갈리그가 나눈 이야기다.

이제 곧 알게 될 테지만, 이날 밤 악마가 바라게르 신부를 교묘히 유혹하여 무서운 탐식죄를 저지르게 하려고 윤곽이 분명치 않은 얼굴의 복사로 둔갑을 하고 있었던 것이다.

갈리그가 종탑에 올라 종을 힘껏 울리고 있는 사이에도 음식에 마음을 빼앗긴 주임 신부는 예복실에서 미사에 필요한 의복과 도구들을 챙기면서 혼잣말로 이렇게 중얼거렸다.

"버섯 칠면조 통구이, 금빛 잉어, 이렇게 큰 은어……!"

문 밖에서는 밤바람이 종소리 같은 소리를 내며 불어 댔고, 해묵은 종탑이 솟아 있는 반토우 산허리 어둠 속에 차츰 등불이 나타나기 시작했다. 자정 미사를 드리러 오는 소작인의 가족들이었다. 그들은 대여섯 명씩 무리를 지어 노래를 부르면서 언덕길을 올라오고 있었다. 등불을 움켜쥐고 앞장 선 아버지를 선두로 두껍고 큼지막한 망토를 두른 어머니, 그 망토 속에 옹기종기 몸을 휘감은 채 걸음을 옮기는 아이들, 늦은 시간인데다 추위가 심했

205

지만 예년처럼 미사 후에 만찬이 준비되어 있다는 즐거운 생각에 이 선량한 사람들은 기쁘게 걸어오고 있었다.

이따금 마부를 앞세운 영주들의 마차가 나귀 방울을 울리며 그들 곁을 지나갔고, 흐릿한 등불에도 백성들은 대법관을 알아보고는 공손하게 절을 했다.

"아르노턴 나리, 안녕하셨습니까?"

"잘들 지냈소, 여러분들!"

밤은 점점 더 깊어지고, 검은 하늘에는 별들이 반짝이고 있었다. 때로 몸을 후벼 파는 듯한 북풍이 불어왔고 솜털 같은 눈송이가 옷 위를 미끄러지는, 날씨로서는 가히 화이트 크리스마스라는 전통을 충실하게 지키는 그리스도 탄생의 밤이었다.

언덕 꼭대기에는 육중한 종탑이며 검은 하늘로 솟은 성당의 외벽이 보였고, 줄지어 이어지고 있는 등불의 행렬이 언덕 꼭대기 성당으로 향하고 있었다.

대문을 들어서서 성당 본당으로 가자면 우선 마당을 가로지르는 큰 광장을 지나야 했다. 광장에는 마차와 마부, 그리고 분주하게 일하는 사내들이 잔뜩 있었는데, 곳곳에는 피워 놓은 관솔불과 조리장의 불들로 환하게 밝혀져 있었다. 냄비 소리, 식사 준비를 위해 옮겨지는 유리

206

그릇과 은그릇들이 부딪치는 소리가 들려왔다. 맛있게 익어가는 고기 냄새와 음식마다 얹혀질 각종 소스 냄새가 여기저기 따뜻한 김으로 피어올라 백성들에게도, 미사를 집전할 신부에게도, 위엄을 갖춘 법관에게도, 그 누구에게나 미사가 끝나고 나면 푸짐한 음식을 마음 놓고 먹을 수 있다는 생각을 품게 되었다.

짤랑, 짤랑, 짤랑! 짤랑, 짤랑, 짤랑……!
작은 종소리와 함께 자정 대미사가 시작되었다. 아치형 천장과 한쪽 벽을 가득 장식한 성탄 장식들, 대사원을 그대로 축소한 것 같은 화려한 성당 제단에 제대보가 펴졌고, 촛대마다 불이 환하게 밝혀져 있었다. 성당을 꽉 메운 인파! 참으로 성탄 자정 대미사는 장관이 아닐 수 없었다.
제대를 둘러싸고 있는 화려한 조각 장식의 큰 의자에는 트랑크라주 후작이 살색 호박단 옷을 입고 점잖게 앉아 있었고, 그 곁에는 초대받은 모든 귀족 영주들이 서열대로 둘러앉았다. 정면에는 벨벳으로 감싼 예배 의자에 새빨간 옷을 입은 늙은 후작의 미망인들과 프랑스 궁정 최신 유행의 무늬 레이스 모자를 쓴 트랑크라주 후작부인이 자리를 잡고 있었다. 그 아래쪽 빛나는 비단과 금박 은박이 박힌 커튼 사이엔 끝이 뾰족한 큰 가발에 수염을 깎고 검은 옷을 입은 토마 아르노텅 대법관과 안브로아 공증인이 엄숙한 표정을 짓고서 허리를 곧추 세운 채 앉아 있었다.

그 다음은 낮은 서열의 뚱뚱한 영주들, 그들을 받들어 모시는 시종들, 일찍 도착한 기사들, 관리, 허리에 찬 순은 열쇠고리를 늘어뜨린 발브 아주머니, 뒤쪽 긴 걸상에는 심부름꾼, 가족을 동반한 농군들, 그리고 마지막으로 문가에는 요리사들이 문을 살며시 여닫고 있었다. 그들은 음식을 장만하는 사이사이에 잠시나마 장엄한 미사 분위기라도 느껴보려는 듯 살짝살짝 얼굴을 바꿔가며 미사에 참석하고 있었다.

신부는 이 요리사들의 작고 흰 모자를 바라보면서 무슨 생각을 하고 있을까. 오히려 갈리그의 종소리에만 귀를 기울이고 있는 것은 아닌지. 제단 밑에서 기막힌 속도로 울리고 있는 갈리그 손에 들린 작은 종. '서둘러라. 빨리 끝나면 끝날수록 더 일찍 음식을 먹을 수 있다.' 이렇게 말하고 있는 것처럼 울려대는 작은 종. 어쨌거나 이 악마의 종이 울릴 때마다 신부는 미사에 더욱 박차를 가했다.

떠들썩하고 북적대는 요리사들의 손놀림, 불이 벌겋게 피어 오른 화덕, 뚜껑 사이로 모락모락 오르는 김, 그리고 이 김 속의 뱃속 가득 버섯을 넣은 두 마리의 기막힌 칠 면조. 식욕이 더해진 탓에 접시를 나르는 시종들의 행렬까지 보이기 시작했다. 접시들은 그들과 더불어 주연상이 차려진 큰 방으로 들어가고 있었다. 오오, 이 얼마나 환상적인 광경인가! 맛있는 음식들이 가득 차려진 으리으리한 식탁, 양파며 당근이며 온갖 음식 재료로 장식된 공작새의 큰 날개, 적갈색 날개를 펼치고 있는 꿩, 한상 가득히 놓인 루비 색 술병, 녹색 잔가지 받침 위에 산더미처럼 쌓인 광택 나는 과일, 그리고 갈리그가 이야기해 준 기막힌 물고기 요리들이 물에서 갓 올린 것처럼 진주 빛 비늘을 뽐내며 큰 콧구멍마다 온갖 향신료 풀들을 꽂고 있었다. 이제 바라게르 신부는 그 산해진미인 요리들이 테이블 위가 아닌 미사를 집전 중인 제단 한가운데 진설되어 있다는 착각에 빠질 정도가 되었다.

그래서 두세 번이나 '주께서 여러분과 함께⋯⋯.'라고 외워야 할 미사 경문을 자신도 모르게 '주여 감사히 먹겠습니다⋯⋯.'라고 잘못 외우기도 했다. 이런 가벼운 잘못을 빼놓고는 한 줄도 빼지 않고, 그리고 단 한 번도 더듬거리지 않으면서 신속하게 미사를 마쳤다. 이렇게 첫 번째 미사까지는 그런대로 모든 순서가 제대로 진행되는 것 같아 보였다. 그런데 성탄절 밤에는 한 사제가 세 번의 미사를 올려야 하는 관습이 있었다.

'자아, 이제 하나는 끝났다……'

신부는 안도의 한숨을 내쉬며 혼잣말을 했다. 그러고는 일 분의 여유도 없이 그 젊은 복사 갈리그에게, 아니 적어도 복사라고 믿고 있던 자에게 신호를 보냈다.

딸랑 딸랑 딸랑…… 딸랑 딸랑 딸랑……!

두 번째 미사가 시작되었다. 그리고 그것과 함께 바라게르 신부의 죄도 시작되었다.

"빨리, 빨리, 서두르자고……!"

날카로웠으나 워낙 낮은 목소리여서 갈리그에게만 살짝 들린 신부의 재촉에 그의 종이 더욱 분주해졌다. 그런데 딱하게도 이번에 신부는 완전히 탐식의 악마에게 몸을 맡겼는지, 미사 책에 파묻히듯 미사 경문을 읽어 내려갔다. 정신없이 앉고 일어서며, 아무 대목에서나 십자 성호를 긋는가 하면 그저 빨리 끝내기만 하려고 온갖 동작을 짧게 했다. 복음서 낭독 때 손을 들어 가슴을 두드리는 고백의 기도도 가까스로 했다.

집전자와 복사가 서로 질세라 빠른 속도로 미사 경문을 주고받자 평신도들의 기도문에서도 서로 속도를 맞추지 못하여 어긋나고 부딪치기 일쑤였다. 시간이 걸리지 않도록 입도 제대로 열지 않고 절반쯤 외우다 끝나거나 뜻 모를 중얼거림으로 끝내버리기도 했다.

"오레므스, 프스 …… 프스 …… 프스 ……."

"메어, 크르바 …… 빠 …… 또레……."

영락없이 포도 따는 농부가 통 안의 포도를 서둘러 뭉개 버리듯, 두 사람 모두 사방팔방으로 침을 튀기면서 미사의 라틴어를 마구 주워섬겼다.

"돔…… 스큼……."

이렇게 바라게르 신부가 뇌까리면,

"스쯔오……!"

하고 갈리그가 대답했다. 그리고 그의 손 안에 있는 저 주받은 작은 종은 역마차에 매단 방울처럼 줄곧 그들의 귓가에서 울리고 있었다. 아무튼 이렇게 해서 미사는 어느 순간엔가 또 끝이 났다.

'자아, 이제 두 번째도 끝났다……!'

신부는 어느새 숨까지 헐떡이며 속으로 이렇게 말했다. 그리고는 미처 숨 돌릴 사이도 없이 땀투성이로 벌개진

얼굴을 하고는 제단 옆 계단을 내려서서 마지막 제단 앞에 섰다.

딸랑, 딸랑, 딸랑! 딸랑, 딸랑!

드디어 세 번째 미사가 시작되었다. 식당까지는 이제 몇 발짝도 안 남았다.

그런데 불행하게도 레뷔용이 가까워짐에 따라 걸신들린 주임 신부는 당장에라도 먹고 싶은 충동을 도저히 참을 수 없게 되었다. 음식 생각은 더욱 뚜렷이 나타나 금빛으로 빛나는 잉어, 통째로 구운 칠면조, 그리고 은어를 담아 놓은 접시들이 눈앞에 선했다. 아아! 이제 바로 눈앞에 있는 온갖 접시에서는 김이 모락모락 오르고, 포도주 냄새가 코를 찔렀다. 그리고 작은 종은 마구 방울을 흔들며 소리를 냈다.

"빨리, 빨리, 더 빨리……!"

하지만 아무리 마음이 급한들, 어떻게 더 빨리 할 수 있을까. 신부는 이제 입술만 우물우물 할 뿐 뚜렷한 말도 잇지 못하게 됐다.

'어떻게든 빨리 마쳐야 한다. 하느님을 속여서라도 이 마지막 미사를 얼버무려야겠다……!'

마침내 신부는 용서받지 못할 큰 죄를 범하기 시작했

다. 유혹이 더해감에 따라 어느 부분에서는 일절을, 그리고 어느 대목에서는 이절 없이 일절만 우물거리다가 다음 과정으로 넘어갔다.

사도신경은 너무 길어 끝까지 하지 않고, 복음서 낭독은 간단하게 요약절만 읽고 넘어갔으며, 신자들과 함께 바치는 기도는 그냥 건너뛰었고, 주기도문까지도 생략해 버렸다. 다음 미사 경문에서는 노래와 선창도 없이 오직 사제가 바쳐야 하는 꼭 필요한 대목만 골라서 대강대강 읽어 내려가며 미친 듯이 미사의 끝으로 향했다.

신부가 그러고 있는 동안 갈리그는 교묘하게 그를 도와 한 번에 두 페이지씩 미사책을 펼쳐줬고, 기둥에 부딪히고 보혈 잔을 땅에 떨어뜨리면서도 더욱 힘껏, 더욱 빠르게 작은 종을 끊임없이 흔들어 주었다. 두 사람의 미친 듯한 미사를 보고 있던 신도들의 놀란 얼굴은 어떻게도 설명할 수 없을 지경이었다. 무언가에 쫓기는 듯한 사제의 표정에, 단 한마디도 알아듣기 힘든 황당한 미사를 따라가야 했기 때문에 어떤 사람은 무릎을 꿇을 때 일어섰고, 다른 사람들이 일어설 때 또 어떤 사람은 무릎을 꿇는 진풍경을 보이고 있었다.

"오늘따라 신부님의 미사가 너무 빨라서 도저히 따라할

수가 없네……."

영문도 모르는 늙은 후작 미망인이 연거푸 모자를 매만지며 이렇게 중얼거리는가 하면, 아르노턴 후작은 큰 안경을 끼고 대체 어느 대목을 하고 있는지를 찾아내느라 미사책 여기저기를 계속 찾고만 있었다.

그리고 맨 뒤쪽 자리에 모여 앉은 소작인들과 그 가족들 중에서도 맛있는 음식을 먹을 생각에 전에 없이 빠른 속도로 미사가 진행되는 것에 불만을 표시하는 이들은 하나도 없었다.

드디어 바라게르 신부가 신도들 쪽으로 몸을 돌려 그지없이 환한 얼굴로 미사의 끝을 알리는 '이테, 미사, 에스트(미사 끝)'라고 말했을 때 그에 응하여 매우 기쁘게, 그리고 힘찬 목소리로, 마치 이미 식탁에 앉아 레뷔용의 첫 잔을 들고 있는 것 같은 밝은 얼굴로 '데오, 그라찌아스(신에게 축복이 있으라)' 하는 일동의 목소리가 성당을 쩌렁쩌렁 울렸다.

그로부터 5분도 채 안 되어 신부와 영주, 귀족들은 대식당에 앉기를 끝냈다. 성당 안팎은 꼭대기에서 지하까지 불이란 불은 모두 켜졌고, 여기저기서 노래나 건배소리,

그리고 웃음소리로 떠들썩했다. 그리고 바라게르 신부는 한가득 따라놓은 레뷔용 포도주와 맛있는 음식에 온 정신이 팔려 자기 죄에 대한 조금의 뉘우침도 없이 포크를 칠면조 날개에 연신 찔러 넣고 있었다.

딱하게도 지나치게 과식한 나머지 신부는 그 밤으로 무서운 발작을 일으켰고, 미처 참회할 겨를도 없이 그만 죽어 버렸다. 그리고 이튿날 아침, 아직 전날 밤의 축제 소동이 정리도 안 되었을 시간에 천국 문 앞에 서게 되었다.

그곳에서 그가 어떤 식의 대접을 받았을지는 각자의 상상에 맡기겠다.

"이곳으로 들어올 생각조차 말아라. 이 탐욕스런 사제 같으니……!"

이렇게 만물의 주인이신 하나님께서 진노하여 꾸짖으셨다.

"너의 죄는 그동안 사제로서 올바른 품행을 닦았던 모든 공적을 한순간에 날려 버리기에 충분하고 깊은 것이다. 너는 오늘 사제로서 지켜야 할 가장 큰 미사 중의 하나를, 그것도 많은 사람들이 보는 앞에서 감히 훔쳐냈다. 그 죄의 대가로 너는 삼백 번의 신실한 성탄 미사로 나에게 갚아야 할진데, 너의 죄로 말미암아 함께 죄를 지은 사람들 모두가 죽을 때까지 기다리고 있어야 하고, 그런 후에 그들과 함께 삼백 번의 미사를 다 드릴 때까지는 결코 천국문 안으로 들어올 수 없게 할 것이다……!"

이것이 올리브가 영그는 지방에서 전해지고 있는 바라게르 신부의 세 번의 노래 미사 이야기이다.


오늘날 트랑크라주 성은 남아 있지 않다. 그러나 성당만은 지금도 여전히 반토우 산꼭대기, 참나무 숲 속에 남아 있다. 바람에 부서진 문짝은 덜거덕거리고, 온갖 잡초가 성당 입구까지 수북이 자라나 있으며, 제단 근처 구석구석과 색유리가 떨어져 나간 높은 창틀 언저리에는 새들이 둥지를 틀고 있다. 그러나 해마다 크리스마스 때만 되면 이상한 빛이 폐허 근처를 헤매는 양, 미사나 레뷔용을 가는 농군들의 눈에 보인다고 한다. 특히 눈 오는 날이나 바람 부는 날에는 어렴풋한 빛이 유령 같은 예배당 주위를 환하게 비춘다고 한다.

묘한 이야기지만 갈리그라는 성을 가진 이 고장 포도 재배인 하나가(아마 복사 갈리그의 자손일 테지만) 어느 성탄 전날 밤 술에 취해 트랑크라주 쪽 산속으로 들어갔다가 이런 것을 보았다고 했다. 밤 열 한 시까지는 아무 일도 없던 성당 주변, 모든 것이 침묵하여 어둡고 죽은 것처럼 보이던 그곳이 자정이 되자 오래 전부터 소리를 내지 않았던 종탑에서 종소리가 울리기 시작했는데, 그 소리가 어찌나 컸던지 백 리 밖에서도 들릴 것 같았다는 것이다. 그리고 언덕길엔 등불들이 어른거리기 시작하고, 사람들 그림자가 움직이는 것이 보였는데, 그들은 예배당 입구를 지나가면서 무슨 말인가를 속삭였다고 했다.

"아르노턴 나리, 안녕하셨습니까?"

"잘들 지냈소, 여러분들!"

사람들 그림자가 성당 안으로 모두 들어가 버리자 용감한 포도 재배인은 살며시 다가가서 부서진 문틈으로 실로 경악스런 다음 광경을 목격하게 되었다. 조금 전 그의 앞을 지나간 사람들이 그 옛날에 만들어진 의자에 앉아 있었는데, 더러는 성가대석 주위에, 또 더러는 신자석에 주욱 앉아 있었다고 했다. 화려한 옷을 입고 레이스 모자를 쓴 귀부인들, 머리에서 발끝까지 장식으로 치장한 영주들, 우리의 할아버지의 할아버지쯤 되어 보임직한 복장을 한 사람들, 모두들 몇 백 년쯤 나이를 먹어 보였고, 먼지투성이에 윤기 없는 피부를 한 모습을 하고 있었다고 했다.

이따금씩 지금의 성당 건물을 둥지로 삼고 있는 밤 새들이 때 아닌 등불에 놀라 촛불 둘레로 모여들었는데, 촛불은 마치 엷은 비단을 막아 놓은 저편에서 타고 있듯 어렴풋한 빛을 내고 있는 듯했다고 말했다.

그리고 특히 갈리그의 흥미를 끈 것은 큰 안경을 낀 덩치 좋은 한 인물로, 검은 색의 높은 가발을 끊임없이 흔들어대고 있었는데, 밤 새 한 마리가 가발에 온통 발이 얽혀 날아가지도 못한 채 날갯짓을 푸드득거리고 있었다는 것이다.

제대 안쪽에서는 어린애만 한 작은 몸집의 노인 하나가 있었는데, 성가대석 한가운데 무릎을 꿇고는 방울이 떨어져 나가 소리가 나지 않는 작은 종을 신경질적으로 흔들어대고 있었으며, 이제는 그 빛을 내지 못하는 금빛 옷을 입은 사제 하나가 제단 앞에서 한 마디도 들리지 않는 기도를 열심히 외우며 오락가락하고 있었다고 했다.

그는 분명히 세 번째 미사를 올리고 있는 바라게르 신부였을 것이다.

# 메뚜기

또 하나 알제리아에서의 추억을 말하고 다시 풍차 방앗간으로 돌아가야겠다. 그 사에르의 농가에 도착한 날 밤 나는 잠을 잘 수가 없었다. 처음으로 찾은 낯선 고장이라는 호기심과 여행의 불안감, 늑대 우는 소리, 게다가 모기장 그물이 주는 답답함과 바람조차 없는 무더위…….

새벽녘에 창을 여니 서서히 움직이는 눅눅한 여름 안개가 주위를 검은 장막 빛으로 물들이며 전쟁터에 떠도는 연기구름처럼 공중을 떠돌고 있었다.

나뭇잎 하나 흔들거리지 않았다. 아래쪽으로 보이는 잘 가꿔진 뜰에는 포도주의 달콤함을 생각나게 하는 포도나무들이 저마다 태양을 가득 받을 수 있도록 듬성듬

성 심어져 있었다. 모퉁이 한편으로는 시원한 그늘을 만들어 주는 유럽산 과일나무가, 키 작은 오렌지나무, 그리고 긴 줄을 이루고 있는 밀감나무들이 폭풍 전야의 고즈넉함 속처럼 미동도 않고 서 있었다. 엷고 자잘한 주름을 가진 연녹색의 키 큰 바나나 잎들도 너무나도 조용히 자기 자리를 지키고 서 있었다.

계절에 따라 각기 자기 나라의 정취를 한껏 뽐낼 온 세계의 나무를 다 모아 놓은 이 신비한 식물원을 나는 한동안 신기하게 바라보고 있었다. 모든 것이 답답해 보이기만 했을 이 아침, 보리밭과 코르크 숲 사이로 한 줄기의 햇살이 비치기 시작하여 보는 이의 마음을 상쾌하게 해 주었다.

모르 양식의 아케이드와 여명의 빛으로 더욱 새하얀 자태를 자랑하는 테라스를 갖춘 이 아름다운 농가, 그 주위로 지어진 마구간과 헛간, 건물이며 가재도구 등 모든 것이 가지런하고 풍요롭게 정돈되어 있는 이 집의 정경을 보고서, 나는 이 사에르 계곡에 사는 선량한 사람들이 처음 옮겨왔을 이십 년 전의 일을 상상해 보았다.

처음 이곳으로 옮겨온 사람들은 어떤 것이든 새로 만들어 내야 했고 무엇이든 건설하지 않으면 안 되었다. 아라비아인들은 툭하면 공격을 해오기 일쑤였고, 한창 농사일로 바쁜 철에도 그들은 총을 집어 드느라 손에서 쟁기를 내려놓아야 했다. 그뿐인가! 고약한 풍토병과 괴질, 잦은 흉작과 무경험에서 오는 실수, 뾰족한 방침도 없이 들볶기만 해대는 정책 위정자들, 그에 대한 계속된 노력과 수고, 그리고 감시의 눈길들……!

이십 년 세월과 고난의 시대를 넘어 천신만고 끝에 안정과 풍요를 얻었지만, 이곳 농가에서는 지금도 여전히 남자 주인과 여자 주인이 가장 먼저 눈을 뜨고 하루를 준비한다. 오늘도 나는 노동자에게 마시게 할 커피를 준비하면서 그 두 사람이 아래층 큰 부엌을 조심스럽게 오가는 발소리를 듣고 있었다.

이윽고 종이 울리고, 얼마 후 노동자들이 거리로 나와 길게 줄을 섰다. 브르고뉴의 포도 재배인, 누더기를 입고 빨간 터키모자를 쓴 카빌리의 농군들, 맨발의 흙일꾼들, 류크 사람이 길에 나와 섰다. 서로 인종과 말이 달랐기에 그들을 부리자면 여간 힘든 게 아니었다.

농가의 주인은 대문 앞에 서서 그들 한 사람 한 사람에게 약간은 거친 어투로 간단간단히 그날 할 일을 알려주었다. 조회가 끝나자 그는 근심스러운 듯 하늘을 살폈다.

그러다가 창가에 있는 나를 발견하고는 이렇게 말했다.

"요즘처럼 날이 궂으면 농사가 잘 안 됩니다. 오늘도 분명 지중해 연안에서 불어오는 시로코가 닥칠 테니까요."

그의 말대로 화덕 아가리에서 나오듯 태양이 솟아오르는 것과 함께 뜨거운 열풍이 간헐적으로 훅훅 불어오기 시작했다. 너무나 더워서 어디 있어야 열기를 피할 수 있을지 도무지 알 수 없었다.

오전 나절은 이렇게 지나가 버렸다. 우리는 이야기할 기운도, 움직일 기력도 잃은 채 복도 돗자리 위에서 커피를 마셨다. 마당의 개도 한구석의 돌을 깔판 삼아 지친 몰골로 길게 누웠다.

점심을 먹자 기운이 조금 났다. 이것저것 가짓수를 늘려 색다르게 조리한 식사는 잉어, 은어, 산돼지, 버섯, 스타베리 버터, 크레샤 산 포도주, 배, 바나나 등등으로 집 안팎에 심겨진 정원수처럼 온 세계의 요리를 한 식탁에서 먹은 것이다.

좋은 마음으로 식탁에서 막 일어서려 할 때, 화덕 같은 뜰의 더위를 피할 요량으로 닫아 놓은 창 쪽에서 갑자기 다급한 외침이 들려왔다.

"메뚜기다! 메뚜기 떼다……!"

주인의 얼굴은 비보를 받은 사람처럼 한순간에 창백해졌다. 우리는 서둘러 바깥으로 나갔다. 이제까지 조용하기만 했던 집 안 곳곳에서 허둥대는 발소리와 함께 일꾼들을 깨우는 소리로 일대 소동이 일었다.

현관 옆 그늘에서 낮잠을 자고 있던 심부름꾼들은 막대기와 갈퀴, 보리타작용 작대기 등 집 안의 소리를 낼 수 있는 온갖 금속성의 도구, 구리로 된 큰 냄비, 수프 냄비 따위를 찾아 들고는 마구 두드려대면서 밖으로 뛰어나갔다.

양치기들은 목장의 나팔을 불었다. 항해용 소라 고동이나, 사냥 때의 가죽피리를 부는 사람도 있었다. 참으로 대단한 소동이었다. 그리고 그 소동을 진압이라도 하려는 듯 어느새 이웃 부락에서 바람처럼 달려온 아라비아 여자들이 날카로운 목소리로 끼약, 끼약 하고 소리를 질러댔다. 그렇게 큰소리를 내거나 공기를 진동시키거나 하면 메뚜기가 밭으로 내려오는 것을 막을 수 있는 모양이었다.

그런데 도대체 그 무섭다는 메뚜기 떼는 어디 있다는 것일까? 무더위로 진동하는 하늘에는 숲의 잔가지를 울리는 약한 폭풍 같은 진동음을 내는 구릿빛의, 마치 우박이라도 잔뜩 담은 구름처럼 여겨지는 그 무언가가 지평선에 보일 뿐 메뚜기는 한 마리도 볼 수 없었다. 아뿔싸, 그런데 바로 그 구름 같은 것이 메뚜기 떼인 것이었다. 바짝 마른 날개를 활짝 펼친 채 거대한 무리를 지어 우리 쪽으로 날아오고 있는 것이었다.

우리들의 그 요란한 소리와 노력에도 아랑곳없이 그 구름은 줄곧 커다랗고 검은 그림자를 들판 위에 드리우면서 다가오더니 오래 지나지 않아 머리 위를 뒤덮어 버렸다. 그리고 순식간에 끄트머리 쪽이 늘어져 틈새가 생기는가 싶더니, 소나기 퍼붓듯 밤색의 메뚜기 몇 마리가 들로 밭으로 떨어졌다. 이어 구름이 탁 터지면서 메뚜기 우박이 빈틈없이 쏴아, 하고 떨어져 내려왔다.

밭은 메뚜기로 뒤덮였다. 커다란 메뚜기, 손가락만한 굵기의 징그럽게 커다란 놈도 득실거렸다.

대학살이 시작되었다. 눌러 죽이거나 창자를 터뜨리는 끔찍한 죽임. 쟁기나 곡괭이 따위로 사람들은 이 꿈틀거리는 땅바닥을 파헤쳤다. 죽이면 죽일수록 메뚜기는 늘어만 갔고, 층을 이루어 꿈틀대며 긴 다리를 뒤틀어댔다. 위에 있는 놈들은 먹이를 찾을 수 없는 고통에 마구 뛰어오르며 말뚝에 매어 놓은 말의 얼굴로 뛰어들었다.

농가의 개나 부락의 개들은 흥분한 나머지 밭을 뛰어

다니며 닥치는 대로 메뚜기를 물어뜯었다. 이때 나팔대를 앞세우고 흑인들로 구성된 진압대 2개 중대가 불행을 겪고 있는 주민을 도우러 왔다. 그들의 출현으로 학살 작전은 양상을 달리했다.

메뚜기를 잡아 죽이는 대신 병사들은 땅바닥에 갸름하게 화약 줄을 깔고 불을 붙였다. 죽이는 일에 지쳤고, 타 들어 가는 악취에 토할 것만 같아서 나는 집으로 돌아왔다. 집 안에도 메뚜기는 바깥과 거의 마찬가지로 잔뜩 있었다.

열려 있는 문, 창, 굴뚝을 타고 집 안으로 들어온 것이다. 메뚜기는 판자벽이나 창 덮개 위를 기어 다녔고, 밑으로 떨어지는가 하면 다시 날아오르고, 큰 그림자를 드리우며 흰 벽을 기어오르고 있었다. 그리고 집 안 전체에 진동하는 그 끔찍한 메뚜기 냄새…….

저녁 식사 때는 식수도 쓸 수가 없었다. 물통, 우물, 저수지에 그득한 메뚜기 시체들, 그리고 냄새. 어지간히 잡아 죽였는데도 여전히 가구 밑에서 꿈틀대는 소리며 날개를 탁탁 터는 소리가 들려왔다.

밤에도 역시 잠자리에 들 수가 없었다. 집 주위의 어느 누구도 잠을 자지 않았다. 불길은 이제 들판 이 끝에서 저 끝까지 맞닿을 정도로 거대하게 타오르고 있었다. 병사들은 밤을 새우며 그것들을 죽였다.

다음날 아침, 전날처럼 창을 열었을 때 메뚜기 떼는 이미 자취를 감추고 없었다. 그러나 놈들이 휩쓸고 간 뒤에 남겨진 폐허라니! 기가 막힐 지경이었다.

한 떨기의 꽃, 한 그루의 풀도 찾아볼 수 없었다. 만물이 모조리 검게 불타 있었다. 바나나나무도 살구나무도, 복숭아나무도, 귤나무도 가지가 드러나 가까스로 구별이 될 정도였다. 나무도, 잎도, 들도, 밭도, 하나도 남김없이 잿더미 속에 묻혀 버린 것이다.

사람들은 물을 담을 통과 그릇들을 씻고 있었다. 들판 여기저기서 사람들이 모여 메뚜기가 남기고 간 알을 죽이느라 땅을 파고 있었다. 온 들판이 파헤쳐졌고, 채 자라지 못하고 파헤침을 당한 식물들이 하얗게 몸뚱이를 드러내고 있었다. 그것을 보는 내 마음은 무척이나 안타까웠다. 이렇게 농부들의 수고가 메뚜기라는 악당의 무리들에게 한순간에 짓밟히고 말았다. 내 가슴은 점점 더 답답해졌다.

# 고세 신부의 불로주

"자아, 한잔 하시죠……, 맛이 어떻습니까?"

이렇게 말하면서 그래브존 신부는 한 방울씩, 마치 진주알을 헤아리는 보석상처럼 세심한 주의를 기울여 금빛을 띠고 타는 듯 빛나는, 그리고 맛있어 보이는 녹색의 액체를 내게 따라주었다. 한 모금을 들이키자 신기하게도 속이 알맞게 따스해졌다.

"고세 신부님의 불로주입니다. 우리 프로방스 지방의 기쁨이자 건강의 샘이지요."

신부는 이렇게 자랑스럽게 말하기 시작했다.

"당신의 풍차 방앗간에서 한 이십 리쯤 떨어진 프레몽뜨레 수도원에서 만든 것이지요. 어떻습니까? 이 세상 그 어떤 술과 비교해도 이만한 맛을 내는 건 없을걸요. 게다가 이 술에는 기가 막힌 내력이 숨어 있답니다. 아무튼 들어 보세요……."

십자가의 길(예수 14처 기도) 액자가 나란히 걸려 있고, 흰 법의처럼 빳빳이 풀을 먹인 깨끗하고 밝은 커튼이 쳐진 조용하고 말쑥한 사제관 식당에서 그래브존 신부의 이야기는 시작되었다. 네덜란드의 작가 에라스무스나 프랑스의 소설가 다스시처럼 약간은 회의적인, 그리고 또 얼마간은 불경스러울 수도 있는 짧은 이야기를 아무런 악의 없이 편한 마음으로 이야기해준 것이다.

지금부터 약 이십 년쯤 전 프레몽뜨레의 수도사들, 프로방스 사람들이 소위 말하는 백의의 수도사들에게 대단한 곤경이 찾아왔습니다. 당신이라도 그 시대 그들의 살아가는 형편을 보셨다면, 굉장히 안타깝게 생각했을 것입니다. 큰 벽도, 탑도 부서져 버렸고, 회랑 주위에는 잡초가 우거져 있었지요. 기둥마다 틈새가 생기고, 벽을 파고 모셔 놓은 성인들의 석상도 하나도 남김없이 뭉개져 있었지요. 제대로 된 유리창, 옳게 여닫히는 문 하나 남지 않은 폐허가 되고 만 것입니다. 로느 강바람이 카마르그를 동반하고 거세게 불어와 촛불은 물론이고 유리창과 문은 죄다 부셔놓았고, 대리석으로 만든 성수반까지 쓰러뜨려 버렸습니다.

더욱 안타까운 일은 텅 빈 비둘기 집처럼 적막한 수도원에서 성무 일과를 지키려는 수도자들이 때맞춰 쳐야 하는 종 하나 살 돈이 없어 새벽 예배를 알릴 때마다 손으로 딱따기를 쳐야만 했다는 사실입니다. 가엾은 백의의 수도사늘! 성체절 행렬 때 시트르나 파스테크 같은 오이만 먹으며 연명하는 창백한 수도사들의 모습과 누더기처럼 기운 외투를 입고 슬픈 듯 걸어가는 긴 행렬, 그들의 뒤로 머리를 힘없이 늘어뜨린 채 금박이 벗겨진 지팡이와 벌레 먹은 흰 털로 된 승모를 쓰고서, 자신의 남루한 행색이 남의 눈에 띌까 부끄러워하던 수도원장의 고난에 찬 모습은 지금도 눈에 선합니다.

늘어선 여성 신도들은 그들이 가엾어 눈물을 흘렸고, 깃발을 들고 있는 뚱뚱한 기수들은 오히려 가엾은 승려들을 손가락질하며 낮은 소리로 비웃었습니다.

'찌르레기가 한데 어울려 다니면 먹이를 찾아 먹지 못하는 거라고.'

이렇게 말씀입니다.

백의의 수사들도 마침내는 이렇게 굶어죽느니 차라리 전 세계로 각각 흩어져 목숨이라도 부지하는 게 낫지 않을까, 하고 저들끼리 삼삼오오 무리를 짓기 시작했답니다. 그러던 어느 날, 이 중요한 문제가 회의에서 논의되고 있을 때, 당시에는 교육생이었던 고세 신부로부터 자신의 의견을 내어놓아도 되겠느냐는 전갈이 왔습니다.

참고로 말씀드리자면 이 고세 신부는 수도원 안에서 교육을 받으며 소를 맡아 기르던 사람입니다. 돌계단이나 흙벽 틈에 나 있는 풀을 찾아 말라빠진 젖소 두 마리가 수도원 안을 돌아다니면 그 뒤를 따라다니며 그날그날을 보내고 있었지요.

열두 살 때까지 베공이라는 보우 지방의 반미치광이 노파에게 키워지다가 수도원에 들어오게 된 그가 아는 것이라고는 소를 모는 일과 주의 기도를 암송하는 것뿐이었답니다. 그것도 라틴어가 아닌 프로방스어로 외운 것이었다지요.

하기야 그도 그럴 것이, 그는 기억력이 나쁘고 두뇌 회전도 둔했던 것입니다. 또 어느 정도 공상가이기는 했지만, 열성적인 신자이자 스스로 고행대를 메고 강한 신념으로 계율을 지켰고 일도 부지런히 했습니다. 단순하고 거친 그가 회의실로 들어와 한쪽 다리를 절며 일동에게 인사하는 것을 보고 수도원장도, 수사들도, 서기도, 회계도 모두들 한바탕 웃음보를 터뜨렸답니다. 그런 일은 사실 자주 있었습니다. 반백의 그가 한없이 우둔해 보이는 눈으로 사람들 앞에 나타날 때마다 늘 일어나는 일이었으니까요. 자기에게도 익숙한 일이었는지라 고세 신부는 개의치 않고 올리브 씨로 엮은 묵주를 만지작거리면서 더욱 바보스럽고 정직한 표정을 지어 보이며 이야기를 시작했습니다.

"속이 텅 빈 통일수록 더 좋은 소리를 내기 마련입니다. 이 텅 빈 머리를 짜낸 덕분으로 저는 오늘 여러분들의 고통을 덜어드릴 수 있는 방법을 찾아냈다고 생각합니다. 대강 이런 얘깁니다. 저를 키워준 그 베공 할머니를 다들 알고 계실 테죠? 그런데 여러분, 베공 할머니는 약초에 대해서만큼은 남다른 지식을 가지고 있었습니다. 그리고 돌아가시기 얼마 전에는 저를 데리고 직접 산으로 올라가서는 약초 대여섯 가지를 섞어 아주 맛이 좋은 약주를 만들어 보이셨습니다. 물론 아주 오래된 일이지만, 그러나 성 어거스틴이 도우시고 원장님께서 허락해 주신다면 그때의 기억을 잘 살려서 신비의 약주를 만드는 방법을 찾아

낼 수도 있을 겁니다. 그것을 병에 담아 본전보다 조금만 더 돈을 받고 팔면 되는 것입니다. 그렇게 되면 트러프나 그랜드의 수도원들처럼 돈 때문에 이 고민을 하지는 않을 수 있지 않을까요?"

그는 끝까지 이야기를 계속할 수가 없었습니다. 수도원장이 자리에서 벌떡 일어나 그의 목에 매달리는 바람에요. 수사들도 다가와 그의 손을 잡았으며 회계는 다른 그 누구보다도 감동하여 너덜거리는 그의 옷자락에 정중하게 입을 맞추어 경의를 표했다고 합니다.

그들은 잠시 후 자리로 돌아가 다시금 회의를 열었고, 만장일치로 고세 신부가 그 약주 제조에 온 정성을 쏟을 수 있도록 젖소는 트라시뷰르 수사에게 맡기기로 했습니다.

고세 신부가 베공 노파의 제조법을 어떻게 알아냈는지, 또 어떤 노력을 기울였는지에 대한 이야기는 전해지지 않고 있습니다만, 분명한 것은 그로부터 육 개월 뒤엔 고세 신부의 불로주의 명성이 이미 널리 퍼져 있었다는 사실입니다.

아비뇽 지방과 아를르 지방을 통틀어 식료품 창고에는 프로방스 문장과 봉인을 한, 수도사가 술을 마시며 흐뭇해하고 있는 은빛 라벨이 붙은 보라색 작은 술병이 없는 집이 거의 없었습니다.

이 불로주 덕분으로 프레몽뜨레 수도원은 순식간에 풍족해졌습니다. 탑은 재건되었고, 원장은 새로 산 값비싼 모자를 썼으며, 성당에는 손질이 잘된 유리창이 끼워졌습니다. 아름다운 조각을 한 종탑에서는 부활절 아침을 알리는 크고 작은 종소리가 울려 퍼질 수 있게 되었습니다.

배운 것 없고 단순한 탓에 회의석상을 웃음바다로 만들었던, 반백의 나이에도 승적에조차 오르지 못했던 고세 신부는 그 뒤로 전격적으로 사제 서품을 받았고, 수도원의 잔심부름이나 하던 신분에서 완전히 벗어나 하루 종일 술 제조 공장을 지켰고, 삼사십 명에 이르는 휘하의 수사들은 온 산을 뛰어다니며 그를 위해 재료로 쓸 풀을 찾았습니다.

그 누구도, 심지어 원장조차도 들어갈 권한이 없는 이 공장은 뜰 한구석에 있던 버림받은 낡은 성당 건물이었습니다. 수사들의 접근 금지 명령으로 이곳은 어느덧 무언가 야릇하고 무서운 비밀이 숨겨진 곳으로 여겨지게 되었습니다. 어쩌다가 대담하고 호기심 많은 젊은 수사가 벽에 엉킨 포도나무를 기어올라 입구 위쪽의 창문까지 올라가더라도 난로에 몸을 구부리고 저울을 손에 든 마술사

같은 턱수염의 고세 신부를 보노라면, 그만 깜짝 놀라 굴러떨어졌다.

게다가 고세 신부의 주위에는 빨간 사암으로 만든 목이 구부러진 병, 커다란 증류기, 유리로 된 뱀 모양의 관 따위가 야릇한 모양으로 흩어져 있어서, 유리창을 통해 들어오는 붉은 광선 속에서 묘한 불길을 끌어올리고 있었습니다.

저녁 기도 시간을 알리는 마지막 종소리가 울릴 때가 되어서야 이 신비로운 공장의 문이 조용히 열렸고, 신부는 성당으로 갔습니다. 그가 수도원 마당을 걸어갈 때면, 그 얼마나 열렬한 박수를 받았는지 모릅니다. 그의 얼굴이라도 한번 보고 싶다는 젊은 수사들이 길목마다 지켜서서 그에게 박수를 보내는 것이었지요.

"쉿! 저분은 비법을 알고 있는 유일한 분이야."

저마다 옹기종기 모여 그에 대하여 이렇게들 속삭이곤 했습니다.

수도원의 회계는 그의 뒤를 따르며 머리를 조아린 채로 공손하게 이야기를 건네곤 했습니다. 그런 아첨의 도가니를 신부는 챙이 넓은 모자를 비스듬히 쓰고는 이마의 땀을 닦으면서 바라보았지요. 밀감나무를 심어 놓은 넓은 안마당과 새로 올린 푸른 기와지붕, 그리고 번쩍번쩍 빛을 발하는 회랑을 거닐면서 두 사람씩 한 조를 지어 거닐고 있는 다른 수사들을 만족스러운 듯 바라보면서 말이지요.

"여기가 이만큼 살게 된 것도 다 덕인 것이지……!"

신부는 속으로 이렇게 생각했습니다. 그리고 그때마다 이 생각은 무럭무럭 거만함으로 커져만 갔습니다. 딱하게도 그는 이 때문에 응분의 벌을 받게 되지요. 곧 그 얘기도 말씀드리겠습니다.

어느 날 밤 대단히 흥분을 한 그가 성당으로 왔습니다. 시뻘건 얼굴로 숨을 헐떡이면서 외투를 걸친 그가 입당 성수를 찍을 때 팔꿈치까지 물로 적실 정도로 당황해하고 있었습니다. 사람들은 처음 얼마 동안은 기도 시간에 늦어서 허둥대고 있는 것이라고들 생각했지요. 그런데 제단에서 예배를 인도하는 대신 파이프 오르간과 설교단 옆에서 무릎을 꿇거나, 자기의 자리를 찾느라 무려 오 분 동안이나 돌아다니다가 자리에 앉더니 제법 신앙심이 두터운 듯 좌우로 머리를 숙이는 것을 보고 모두들 한 마디씩 속삭였습니다.

"고세 신부님이 왜 저러실까? 대체 어찌 된 것일까?"

더 이상 참을 수 없게 된 수도원장이 침묵을 명하기 위해 두 번이나 바닥을 지팡이로 내리쳤습니다. 인도하는 쪽에서는 독경이 계속되었지만, 신자석의 수사들의 합창은 한마디로 엉망이었지요.

왜냐하면 성체 찬미의 기도 도중 갑자기 고세 신부가 바닥에 벌렁 쓰러지더니 찢어질 것 같은 목소리로 노래를 부르기 시작했던 것입니다.

파리에 있는 백의의 수도자

빠따맹빠따땅, 따라뻥따라빵

모두들 대경실색하여 자리에서 일어났습니다.

"밖으로 몰아내 버려. 악마에 사로잡힌 거야!"

승사들은 저마다 십자 성호를 그어댔고, 원장의 지팡이가 어지럽게 난무했습니다. 그러나 정작 고세 신부는 이런 모든 소리가 들리지 않는 모양이었습니다. 결국 무엇에 홀린 미치광이처럼 바둥거리며 더욱 큰소리로 '빠따뼁따라빵'을 계속하던 고세 신부는 힘센 수사들에 의해 밖으로 끌려 나가지 않을 수 없었습니다.

이튿날 새벽녘 고세 신부는 수도원장의 기도실에서 무릎을 꿇고, 눈물을 마구 흘리며 참회를 하고 있었습니다.

"술 때문입니다. 원장님, 술 때문에 그런 일이 일어난

240

것입니다."

그는 가슴을 치면서 이렇게 말했습니다. 그렇듯 반성하는 고세를 보자 마음 약한 수도원장은 이렇게 그를 용서해 주었습니다.

"그만, 그만, 고세 신부. 정신을 차리시오. 어제 일은 햇빛을 받은 아침 이슬처럼 말라 버립니다. 물론 기도 시간에 고성방가를 했다는 건 좀 걸리지만, 어쨌든 젊은 수사들 귀에 들어가지만 않으면 됩니다. 그런데 대체 어떻게 해서 그런 일이 일어났는지 들려주시오. 술을 시음하다 보니 그렇게 된 것일 테지요? 그래요, 이해하다마다요. 화약을 발명한 슈왈츠 박사처럼 당신 역시 발명의 희생양이 된 것입니다. 그런데 이 술맛은 당신이 직접 보지 않으면 안 되는 것입니까?"

"어쩔 도리가 없습니다. 시험관은 알코올의 강함과 정도를 나타내 주기는 합니다마는 아무래도 마무리 맛은 저의 혀에 의지하는 수밖에 없으니까요."

"아아, 그렇군요? 내 얘기를 좀 더 들어보시오. 그 마무리 맛을 볼 때 술은 맛있나요?"

"한심스럽기 짝이 없는 말씀입니다만, 사실 그렇답니다."

신부가 얼굴을 붉히며 이렇게 대답했습니다.

"요 며칠 사이 특히 그 맛이 어찌나 좋은지 모르겠습니다. 이는 필경 악마의 짓일 겁니다. 저는 앞으로는 시험관만 사용할 작정입니다. 그렇게 결심했습니다. 그러니 앞으로 술맛이 없어지고, 진주 거품이 많이 뜨지 않게 되더라도 어쩔 도리가 없는 일이겠지요……."

"가만, 가만. 좀 더 신중하게 생각해 보십시다."

원장은 서둘러 그의 말을 가로막았습니다.

"자진해서 단골들의 기분을 그르치는 일을 할 필요는 없지요. 이제 그런 떳떳하지 못한 일이 생겼으니 앞으로는 조심해서 일을 처리해야 할 겁니다. 그런데 어느 정도면 맛을 알 수 있게 되나요? 열다섯 방울이나 스무 방울 정도면 되는 건가요? 일단 스무 방울이라고 하십시다. 만일 스무 방울로 악마가 당신을 사로잡을 수 있다면 그것은 어지간히 머리가 좋은 악마지요. 아참, 그리고 혹시 또 모르니 앞으로는 성당으로 오지 않도록 조치해 드리지요. 저녁기도는 공장에서 하셔도 무방합니다. 그럼 마음 단단히 먹고, 특히 몇 방울인지 잘 계산해 놓도록 하시오."

그러나 딱하게도 이 가엾은 신부는 그런 미지근한 방법으로는 아무 소용없었습니다. 악마가 확 잡고 그를 놓지를 않았던 것입니다.

괴이한 기도 소리가 주조소에서 들려왔습니다. 낮에야 그런대로 별 일 없이 지나갔습니다. 아무 일도 일어나지 않았지요. 신부는 제법 차분하게 곤로, 증류기를 갖추어 놓고서 햇볕에 잘 말린 프로방스의 질 좋고, 향기 높은 여러 가지 풀을 조심스럽게 가려내는 것이었습니다.

하지만 저녁때 약초가 끓여지고, 빨간 구리의 큰 냄비 속에서 술이 끓어오르면, 이 딱한 신부의 수난이 또다시 시작되는 것이었습니다.

"십칠, 십팔, 십구. 이십!"

술 방울은 시험관에서 금도금된 컵 안으로 떨어졌습니다. 아아, 이 스물한 방울째! 그 유혹으로부터 피하고자 그는 방 한구석으로 가서 무릎을 꿇고 열심히 기도를 드렸습니다. 그러나 따스한 술에서는 더욱 좋은 향기를 품은 연기가 솟아올라 그의 주위를 떠돌면서 그를 냄비 쪽으로 끌고 갔습니다.

액체는 아름다운 금녹색을 띠고 있었습니다. 신부는 그 위에 몸을 기울이고는 콧구멍을 벌름거리며 조용히 휘저었습니다.

"자아, 또 한 방울!"

술잔 속에서 웃고 있는 베공 노파의 두 눈이 보이는 것만 같았습니다.

한 방울, 또 한 방울, 이렇게 가엾은 고세 신부는 컵에 가득 따라 버리고 말았습니다. 그러고는 힘이 빠져 큰 팔걸이 의자에 앉아 몸을 맥없이 늘어뜨리고 눈을 절반쯤 감고는 기분 좋은 후회의 심정에 쫓기면서, "아아, 어차피 지옥으로 떨어지는 거야. 지옥으로 떨어질 텐데 뭐."라고 낮은 소리로 말하면서 홀짝홀짝 그 맛을 보는 것이었습니다.

가장 무서운 것은, 어떤 마술 때문인지는 모르지만 이 악마 같은 액체 밑바닥에서 베공 노파의 듣기 싫은 노래가 연달아 들려오고, 보이는 것이었습니다. 고세 신부는 곧이어 얼마 전 성당에서 외치듯 불렀던 '파리에 있는 백의의 수도자 빠따멩빠따땅, 따라뻥따라빵'을 또다시 부르기 시작했습니다.


이튿날 고세 신부는 옆방 사람들로부터 질문을 받고야 말았습니다.

"이봐요, 고세 신부. 당신 어제 잠자리에 들 때 머리에 매미가 들어가 있었던 것 아니오?"

이런 심술궂은 말을 듣고 그는 또 얼마나 부끄러웠겠습니까?

고세 신부는 눈물을 흘리며 참회했고, 단식과 함께 고행대를 메고는 계율을 지켰습니다. 그러나 술의 악마에게는 어쩔 도리가 없었습니다. 매일 밤 같은 시간에 악마가 그의 몸으로 들어오는 것이었습니다.

그러는 동안에도 불로주에 대한 주문은 주님의 자비처럼 마구 쏟아져 들어왔습니다. 님므에서도, 에키에서도, 아비뇽에서도, 그리고 마르세유에서까지도.

수도원은 점점 더 공장의 모습을 갖춰 갔습니다. 포장을 맡은 수사, 꼬리표를 붙이는 수사, 글씨를 쓰거나 운반을 하는 수사. 너무나 바쁜 나머지 하느님께 대한 기도가 게을러졌고, 수도원 안에서는 기도 시간을 알리는 종소리가 들리지 않게 되었습니다.

그렇다고 그 고장의 불쌍한 신자들이 그로 인해 손해를 입은 것은 아닙니다. 그것은 내가 보증합니다.

어느 일요일 아침 회계가 한 해 동안의 총결산을 회의 석상에서 보고하고 있을 때, 그리고 열심히 일을 도운 수사들이 저마다 입술에 미소를 띠며, 보고를 듣고 있을 때 고세 신부가 그 자리로 뛰어 들어와서는 이렇게 소리쳤습니다.

"이젠 끝장이야. 다시는 안 하겠어. 수소를 내게 다시 돌려주시오!"

"아니, 고세 신부! 갑자기 왜 그러는 게요?"

어렴풋이 이유를 짐작한 수도원장이 점잖게 물었습니다.

"왜 그러냐고요, 원장님? 난 지옥에서 불길에 태워지고, 갈퀴로 찔릴 그런 짓을 하고 있단 말씀이오. 술을 마신단 말입니다. 그것도 아주 벌컥벌컥 마신단 말이올시다."

"그래서 전부터 내가 몇 방울인지 세어 놓으라 하지 않았소?"

"그야 그렇지요. 몇 방울인지 세어보기는 하지요. 그렇지만 이제는 몇 방울이 아니라 몇 잔인지를 헤아려야 한단 말입니다. 그렇다니까요. 매일 밤 큼지막한 대접으로 석 잔씩 마셔야 한단 말입니다! 이런 일이 계속되면 어떤 결과를 초래하는지 모르시지는 않겠죠. 정히 그러면 나 대신 술 만드는 일을 할 사람을 정해 주시오. 더 이상 이런 식으로 계속하다가는 내 몸은 하나님이 내린 불로 다 타버릴 겁니다."

이제는 수사들도 웃지를 않았습니다.

"그렇기는 하지만 당신이 이 일에서 손을 떼면 우리들은 파산하고 맙니다!"

회계가 큰 장부를 휘두르며 이렇게 소리쳤습니다. 그러자 고세는 더더욱 목소리를 높였다.

"그럼 내가 지옥으로 떨어져도 좋다는 겁니까!"

수도원장이 드디어 자리를 박차고 일어났다.

"여러분!"

그러고는 반지가 빛나는 흰 손을 뻗으면서 덧붙였습니다.

"내게 좋은 방법이 있습니다."

그는 고세 신부를 바라보고 말했습니다.

"악마가 당신을 유혹하는 것은 밤이지요?"

"그렇습니다, 원장님. 언제나 밤에. 그래서 밤이 되면 저는 카피토우의 당나귀가 악마가 오는 것을 봤을 때처럼 진땀을 흘리게 되는 겁니다."

"좋아요! 안심하시오. 앞으로는 매일 밤 기도 때마다 우리 모두가 당신을 위해 면죄를 노래한 성 어거스틴의 기도를 외울 것입니다. 그렇게 하면 당신은 어떤 일이 있건 안전할 겁니다. 당신이 죄를 범하고 있을 그 시간에 우리의 죄 사함의 기도가 바쳐질 테니까요."

"그렇습니까? 그럼 됐습니다. 이젠 마음을 놓을 수 있겠습니다, 원장님."

더 이상은 듣지도 않고 고세 신부는 증류기가 있는 공장 쪽으로 종달새같이 빠른 걸음으로 돌아갔습니다. 그리고 그날부터 수도원장은 매일 밤 기도 시간의 끝머리에 이렇게 중보기도를 올렸습니다.

"우리들 신도를 위해, 그 넋을 희생하는 가엾은 고세 신부를 위해 기도하십시다. 아그뉴스, 도미네……."

그리고 어두운 신자석에 무릎을 꿇고 있는 흰 모자 위로 기도 소리가 눈 위를 지나가는 가벼운 북풍처럼 떨면서 달려갔습니다. 같은 시각, 수도원의 가장 구석에 위치한 불빛이 환하게 비치는 술 공장의 유리창 저쪽에서는 고세 신부의 노랫소리가 들려왔습니다.

파리에 있는 백의의 수도사
고세 신부의 불로주 263
빠따뗑 빠따땅, 따라뺑따라빵

파리에 있는 백의의 수사
나이 어린 수녀를 춤추게 하고서
또랑 또랑 또랑 뜰 안에서
수녀를 안고서 또랑 또랑 또랑…….

여기까지 이야기가 오자 사람 좋은 사제는 사뭇 두렵다는 듯한 표정으로 이야기를 그치고는 이렇게 말하는 것이었다.

"하느님, 용서하소서……! 교구의 사람들이 저 소리를 듣는다면 정말 큰일입니다……!"

# 향수

오늘 아침 날이 하얗게 밝기 시작할 무렵 나는 미친 듯 울리는 북소리에 깜짝 놀라 꿈에서 깨어났다.

랑, 프랑, 프랑! 랑, 프랑, 프랑!

이런 시각에 소나무 숲 안에서 북이 울린다? 아무래도 이상한 일이었다.

잠자리를 박차고 일어나 현관문을 열어보았다. 아무도 없었다! 북소리도 그쳤고, 이슬에 젖은 들판에서 두세 마리의 도요새가 날갯짓을 하면서 날아올랐다. 아련히 숲을 감싸는 산들바람의 노래, 동쪽에서는 아르피유 산맥 정상의 금빛 안개를 뚫고 조용히 태양이 고개를 쳐들고 있었다. 최초의 빛이 어느새 풍차 방앗간을 비추기 시작했고, 또다시 어디 있는지 모를 고수에 의해 나무 그늘에서 북소리가 울리기 시작했다.

랑, 프랑, 프랑, 프랑, 프랑!

망할 놈의 북소리. 창밖의 싱그런 아침 경치를 감상하느라 잠시 잊고 있었다. 누구일까. 이 이른 시간에 숲까지 들어와 여명을 맞는 야인은 도대체 누구일까? 하지만 아무리 살펴보아도 무엇 하나 보이지 않았다. 라반드의 숲과 기슭의 길까지 달려 내려가는 소나무 숲뿐. 아마도 저쪽 숲 안에 누군지 장난꾸러기가 숨어서 나를 놀리고 있는 것이리라. 보나마나 대기의 요정 아리엘 녀석일 것이다. 그렇지 않으면 장난꾸러기의 요정 퓨크 대장이든지. 요정들은 내 풍찻간을 지나면서 이런 생각을 했을 것이다.

'이봐, 파리 선생. 당신의 오두막은 늘 조용하니 내가 아침 음악을 들려주겠어.'

랑, 프랑, 프랑! 랑, 프랑, 프랑!

"쉿! 조용히. 심술꾸러기 퓨크 요정! 매미가 잠을 깬답니다."

그런데 주인공은 정작 퓨크가 아니었다.

보통 피스톨레라고 부르는 구게 프랑소와였다. 보병 재31연대의 북잽이로, 지금은 휴가 중이다. 그는 이 고장에

권태를 느끼는 게 분명했다. 피스톨레는 프랑스 우젠느가 병영에 향수를 느끼고는 마을의 악기를 빌려 한갓지게 숲 속으로 북을 치러 나온 것이리라.

오늘은 내가 있는 녹색 언덕으로 와서 생각에 잠겨 있었다. 그곳에서 소나무에 기대서서 북을 두 다리 사이에 끼고는 마음껏 두들기고 있다.

놀란 갯가재가 발밑에서 뛰어나오지만 그는 알아차리지 못했다. 가까이에서 페리굴리란 놈이 냄새를 풍기고 있었지만 북장단에 취한 그에게는 소용이 없었다.

나뭇가지 사이에서 햇빛에 번쩍이며 떨고 있는 섬세한 거미줄에도, 북 위에서 춤추는 소나무 잎에도 아랑곳하지 않았다. 다만 몸도 마음도 꿈을 좇아, 노래의 가락에 녹아들어 북채가 춤추는 것을 황홀하게 바라볼 뿐이었다.

북이 울릴 때마다 사람 좋은 큼지막한 얼굴이 기쁨에 함박꽃을 피웠다.

랑, 프랑, 프랑! 랑, 프랑, 프랑!

"정말 훌륭하지, 커다란 병영은. 돌이 깔린 넓은 앞뜰, 줄줄이 늘어선 창, 전투모를 쓴 병사들, 식기 소리로 가득 찬 천장 낮은 식당……."

랑, 프랑, 프랑! 랑, 프랑, 프랑!

"아아, 울림이 좋은 층계, 깔끔하게 석회 칠을 한 복도, 사내들 냄새를 한껏 풍기는 병사들의 내무반, 번쩍거리는 허리띠, 항아리 구두약통, 잿빛 이부자리가 깔린 철제 이 층 침대, 빛을 내는 총, 총, 총들……!"

랑, 프랑, 프랑! 랑, 프랑, 프랑!

"아아, 위병 근무의 즐거운 생활, 손때 묻은 오래된 트럼프, 펜으로 잔뜩 낙서를 입힌 스페이드 여왕, 위병소에 뒹구는 페이지 떨어져 나간 낡은 피고 르블랑의 소설!"

랑, 프랑, 프랑! 랑, 프랑, 프랑!

"아아, 보안센느의 숲, 희고 큰 목면 장갑, 도랑 둑에서의 한가로운 산책, 사관학교 근처, 병사들을 상대하는 거리의 여자들, 뽑아 던지는 단검, 한 손을 가슴에 대고 노래하는 감상적인 연애 시인……!"


꿈을 꾸고 싶으면 얼마든지 꿔라. 이 가엾은 친구야. 나는 너를 방해하지 않으리니. 마음껏 북을 두드려라. 팔을 휘둘러 두드려라. 내게는 너를 빈정거릴 자격도 없으니.

네가 병영을 그리워하는 것이라면, 내게도 어찌 여행의 외로움이 없을까.

나의 파리도 너의 파리처럼 이곳까지 나를 쫓아온다.

너는 소나무 밑에서 북을 두드리고, 나는 풍차 방앗간에서 글을 쓴다. 하지만 우리는 다같이 선량한 프로방스인 것이다!

파리의 병영에서는 푸른 아르피유 산맥이며, 라반드의 야생의 향기를 그리워했을 것이다. 그런데 이제 프로방스 한가운데에 있다 보니 병영은 눈앞에 없고, 그러니 자연히 그리움의 대상이 되어 있는 것이리라.

마을에서 여덟 시를 알리는 종이 울렸다. 잠시 뒤에 피스톨레는 북채를 들고 마을로 돌아갔다. 쉬지 않고 북을 치면서 산 아랫마을로 멀어져 가는 소리가 들려왔다. 나는 여전히 풀 위에 누워 향수에 젖은 채 멀어져 가는 북소리를 가만히 듣고 있었다. 그러자 마치 파리 전체가 소나무 숲으로 오버랩되며 펼쳐지는 것 같은 착각 속으로 빠져들기 시작했다.

아아, 파리! 파리! 역시 파리다!